はじめて
投票するあなたへ、
どうしても伝えておきたい
ことがあります。

BlueSheep

# はじめに

津田大介
（ジャーナリスト、メディア・アクティビスト）

政治ってむずかしいですよね。ニュースを見ていると、その時々で話題になることが違うし、時にはニュースがその話題で埋め尽くされたりする。でも、時間がたてばいつのまにか物事は勝手に決まってて、なんとなく「おかしいな」と思っても人々が驚くような決定が下される。そもそも国会でやってる国会議員同士の議論がすべて茶番に見える人も多いんじゃないでしょうか。

政治ってむずかしくてよくわからないし、どうせ自分一人が投票に行ったところで政治は良くならないよ。だけどなんかモヤモヤするんだよね……。本書はそんな若い人のためにつくられた、政治と距離を近づけるためのハンドブックです。

身も蓋《ふた》もないことを言ってしまうと「理想の政治」なんてものはこの世に存在しません。何かの考えに基づいて政策を決めたときに、すべての人が納得する状態はつくれないからです。しかも、いまの日本はさまざまな政治課題が山積しています。憲法改正、災害対策、原発、沖縄、待機児童など、2016年に話題になったトピックを挙げるだけでもたくさんあります。誰かに投票する際、よほどのことがない限り、そうした複数の政治課題についての意見が自分とすべて一致するなんて人はいません。つまり、投票という行為はそもそも限られた選択肢のなかから自分がもっとも「マシ」だと思う人に入れるということなんですね。

でも、せっかく投票するんだったら投票後に後悔したくないと思っている人も多いはず。では後悔しないためにはどうすればいいのか——。答えは簡単です。自分のなかに投票するための「ものさし」をつくればいいのです。それが僕からはじめて投票する「あなた」へ、どうしても伝えておきたいことです。

もう少し具体的に言うと、「ものさし」をつくるとは、たくさんある政治課題のなかで自分が何に重きを置いているのか「自覚」する必要があるということです。それには、他人の「ものさし」をチェックするのが手っ取り早くてオススメです。「あの人は原発問題にこだわって、この党に入れるんだ」とか「安全保障にはそういう考え方もあるのか。だから彼はあの政治家を支持しているのか」とか、他人の考えがきっかけとなって自分の考えがわかるのです。

本書にはエッジの効いた優れた「ものさし」がたくさん入っています。ぜひ、ツッコミを入れたり、頷いたりしながら最後まで読んでみてください。多様な「ものさし」にたくさん触れることで、読み終わるころには自分のなかに大事な「ものさし」ができているはずです。

ENTS

はじめに　津田大介　9

津田のポイント1
憲法と民主主義　16

海渡雄一（弁護士）18

想田和弘（映画監督）25

岩井俊二（映画監督）31

水上貴央（弁護士、ReDEMOS）36

島田雅彦（小説家）41

熊谷和徳（タップダンサー）45

茂木健一郎（脳科学者）49

谷口真由美（法学者、全日本おばちゃん党）56

田原総一朗（ジャーナリスト）61

いとうせいこう（小説家、クリエーター）66

津田のポイント2
原発とエネルギー　72

田坂広志（多摩大学大学院教授）76

稲垣えみ子（元新聞記者、アフロ&超節電生活）84

蓮池　透（元原発技術者）90

遠藤ミチロウ（ミュージシャン）96

津田のポイント3
沖縄と基地　102

C O N T

目取真 俊（小説家）106
中山きく（元白梅学徒隊、語り部）114
屋良朝博（ジャーナリスト）120
仲村颯悟（映画監督）125
大田昌秀（元沖縄県知事、社会学者）129
津田のポイント4
差別と貧困 136
香山リカ（精神科医）139
ドリアン助川（詩人、作家、ミュージシャン）146
浜 矩子（経済学者）150
森 達也（映画監督）155
桑原功一（フリーハガー）160
島本脩二（『日本国憲法』編集者）166
園子温（映画監督、アーティスト）170
むのたけじ（ジャーナリスト）176
上原良司（元学徒兵特攻隊員、故人）180
奥田愛基（市民活動家、SEALDs、ReDEMOS）185
あとがき 186
巻末企画1 推薦図書 188
巻末企画2 若者座談会 192
巻末企画3 選挙の基礎知識 195
写真解説 199

はじめて投票するあなたへ、
どうしても伝えておきたいことがあります。

津田のポイント

# 1 憲法と民主主義

2015年ほど「憲法」と「民主主義」という単語に注目が集まった年はありません。同盟関係にある他国が攻撃されたときに、他国と一緒に攻撃した国から防衛する「集団的自衛権」を認めるか否《いな》かで国民的な議論になったからです。

集団的自衛権は国連憲章によって認められた各国固有の権利ですが、日本の歴代内閣は戦争の放棄を定めた憲法9条の制約があるため「集団的自衛権を持つが行使はできない」という立場でした。しかし、安倍政権は北朝鮮のミサイル発射や尖閣《せんかく》諸島をめぐる中国との関係悪化など、安全保障環境の変化を理由に、従来の憲法解釈を変更し、現行憲法下で集団的自衛権を認める安保法案を国会に提出。国会の議論は紛糾《ふんきゅう》しました。

そんななか、国会の憲法審査会に参考人として招かれた3人の憲法学者が全員、審議中の安保法制を「違憲」と判断し、大きな話題になりました。これがきっかけとなって憲法そのものや「立憲主義」という考え方に注目が集まりました。

日本は選挙を通じて選ばれた代表者（議員）によって政治が行われる間接民主制、議会制民主主義の国です。議会制民主主義では議会で代表者同士が議論を行っても意見が最後まで一致しない場合、多数決によって判断が下されます。しかし、そのやり方では少数意見を切り捨ててしまうことになります。この欠点をできるだけ小さくするため、多数決を行う前に議題について十分に議論したうえで、少数意見も尊重することが民主主義の基本的なルールになっているのです。実際に、日本国憲法が施行された１９４７年に発行された中学校１年生向け教材「あたらしい憲法のはなし」には「なるべく大勢の人の意見で、物事をきめてゆくことが、民主主義のやりかた」と書かれています。

「多数決＝民主主義」と思っている人が多いように「選挙結果＝民主主義」と思っている人も少なくありません。しかし、多数決や選挙はあくまで民主主義を実現するための「ツール」でしかありません。ナチスドイツの例を見てもわかるように「多数者」が常に正しいわけでないことは歴史が証明しています。民主主義体制下においても時に権力は暴走し、それを多数者が追認する現象が起きる。これを防ぐため、一定の枠組みのなかでしか物事を決定できないよう、憲法であらかじめ歯止めをかけておくのが立憲主義です。まずはこれらの基本を押さえたうえで、民主主義を実現するためには何が必要なのか考えてみてください。

# 憲法と民主主義を破壊する動きにストップを

## 緊急事態条項は国会の自殺につながる

はじめて投票する皆さんに、憲法と民主主義の大切さと、これを守る市民の責任についてお話したいと思います。

憲法とは国による人権侵害を防止し、大切なことは民主的に決めていくことを決めた国の根本をなす法律です。憲法は市民の基本的人権を保障し、国家権力の恣意的《しいてき》な使い方を許さないためにあります。そして今、安倍政権のもとで立憲主義と民主主義が危機に瀕しています。

安倍さんの本音は明らかに憲法9条の改憲でしょう。しかし、その前に緊急事態条項を盛り込む改憲案をまず計画しているようです。緊急事態条項とは、どんなものでしょう。

海渡雄一
（弁護士）

自民党の改憲案では、総理大臣は、武力攻撃、社会秩序の混乱、大規模な自然災害その他の法律で定める緊急事態が起きて、特に必要があると認められるときには、閣議だけで、国会の事前の承認なしで緊急事態宣言を発することができるとしています。そして、緊急事態の宣言が発せられたときは、内閣は法律と同一の効力を有する政令を制定することができて、誰もが国民の生命、身体及び財産を守るために行われる国などの命令に従わなければならないとされているのです。「内閣限りで法律と同じ効力をもつ政令ができることになってしまえば国会の死である」（2015年1月19日　参議院予算委員会）と批判した福島みずほ参議院議員に対して、安倍首相は「限度を超えた批判」だと反論しました。1933年に制定されたナチスの授権法は、「ドイツ国の法律は、憲法に規定されている手続き以外に、ドイツ政府によっても制定されうる。」「ドイツ政府によって制定された法律は、……憲法に違反することができる。」というものでした。

ポイントは、政府限りで決めたものが国会と同じ効力がある法令であることと、憲法によって定められた基本的人権の規定を無効化できるところです。授権法はワイマール憲法の改正手続きを踏んでいましたが、近代的な立憲主義を公然と否定した独裁立法であり、国会放火事件後の混乱の中で、多数の社民党議員、共産党議員が投獄されている状態で制定され、ユダヤ人虐殺などナチスの引き起こした数々の人権侵害の出発点となりました。

時限立法とされていましたが、実際には戦争が終わった1945年9月20日に、連合軍が「ナチス法の廃止に関する法令の廃止」を宣言するまで、この体制は続きました。

安倍首相は、東日本大震災・熊本地震の記憶も新しいので「緊急事態条項」を明文改憲のターゲットとし、「お試し改憲」などと言っています。しかし、それは間違いです。日本国憲法のもとでは、日本は国家緊急権をもたないことと憲法9条とはセットになっていると考えられるからです。つまり、日本は戦争を放棄して、外交的な努力を通じて平和を守ろうとしているのですから、戦時を想定した国家緊急権は必要ないという考え方です。東大名誉教授の小林直樹さんは、「ミリタリズムの一掃を目指した画期的な平和＝民主憲法であることによって、緊急権制度をあえて置かなかった」（小林直樹『国家緊急権』学陽書房）と説明しています。

安倍首相は世界中のいろんな国にも緊急事態条項はあると言います。実際に、ドイツやフランスにはこのような規定が存在します。ドイツ基本法では「緊急事態における法令の適用」、フランスの第五共和国憲法では「緊急措置権」が規定されています。

ドイツの憲法（基本法）では、早大の水島朝穂教授によれば（1）緊急事態の認定権をぎりぎりまで議会に留保する、（2）防衛事態等に際して市民に義務を課す場合に連邦議会の3分の2の賛成を必要とする、（3）ゼネストなど体内的緊急事態の概念を除外するという三つのストッパーが組み込まれています。

フランスでは、緊急権に基づいて知事が滞在禁止や居所の指定などができます。しかし、滞在の禁止や居所の指定の適用によって取られた処分の対象者は、その処分の取り消し請求を申し立てる権利も認められています。フランスでは第二次大戦後にも緊急権が濫用《らんよう》された歴史があります。フランス憲法第16条の非常措置権は、1961年のアルジェリアの争乱の際にドゴール大統領によって発動されたのが唯一の例ですが、強制収容の適用領域の拡大や出版の自由の制限、あるいは高等軍法会議や特別軍法会議など特別裁判所の設置等の措置がとられました。内戦が終わった後も引き続き5ヶ月間ほどこの状態が続いたと指摘されています。昨年のパリのテロに際しても、憲法上の緊急権は発動されていません。改憲を進めようとする政治家には投票しないことを、私たちの第一の合い言葉にしましょう。

## 関東軍の謀略は秘密にされ、批判するメディアは沈黙させられた

私は、今からでも安倍政権が強行成立させた秘密保護法は廃止すべきだと考えています。若い皆さんには政府の謀略が国民の目から隠され、破滅的な戦争への途が開かれていった歴史の教訓を学び直して欲しいと思います。

1931年9月18日、柳条湖《りゅうじょうこ》付近で、日本の所有する南満州鉄道の線路が爆破されま

した。関東軍はこれを中国軍による犯行と発表することで、満州における軍事行動と占領の口実としました。しかし、この事件は、関東軍高級参謀・板垣征四郎大佐と関東軍作戦主任参謀・石原莞爾《かんじ》中佐らが仕組んだ謀略事件であったことは教科書にも掲載されています。このことは徹底的に隠されました。国家機密とされたのです。半藤一利氏によれば、大阪朝日新聞は、高原操《みさお》編集局長のもとで、柳条湖事件について「この戦争はおかしいのではないか、謀略的な匂い、侵略的な匂いがする」と報道していました。結果として正しい報道をしていたといえます。そのとき、在郷軍人会などが組織した激しい不買運動を受け、部数を減らし、奈良県下では一紙も売れなくなったといいます。そして、10月12日の役員会議で高原編集局長は次のように述べたことが憲兵調書に記録されています。朝日新聞内部の密告者が届けたのでしょう。「今後の方針として、軍備の縮小を強調するのは従来のごとくなるも、国家重大の時に際し、日本国民として軍部を支持し、国論の統一を図るは当然のことにして、現在の軍部及び軍事行動に絶対批判を下さず、極力これを支持すべきこと」(『そして、メディアは日本を戦争に導いた』２０１４　東洋経済新報社)。大阪朝日の抵抗は１ヶ月ももたなかったのです。

もう一つ、衝撃的な事実がＮＨＫの取材によって明らかにされました。柳条湖事件が関東軍の謀略であることは、全国紙の記者には政府からひそかに耳打ちがされていたというのです。このことは、２０１１年にＮＨＫスペシャル中で放映されています。

「のちに報道部長になる谷萩《やはぎ》（那華雄《なかお》）大尉というのがおりまして、記者クラブでわれわれに話してくれたんですよ。実は、あれは関東軍がやったんだよ。」ということをこっそり耳打ちしてくれました。」（石橋恒喜証言　ＮＨＫスペシャル取材班編著『日本人はなぜ戦争へ向かったか』メディアと民衆・指導者編　２０１５　新潮社　29〜30頁）今、政府の謀略を確実に暴いてくれるメディアがこの日本に存在しているでしょうか。

## だまされない市民になる

安倍政権は、夏の参議院議員選挙に勝利すれば、緊急事態条項を憲法に取り入れ、戦争状態を作り出し、国会・立法府が機能しない独裁体制を続けようとするでしょう。諸外国にも国家緊急権はある、などという甘い説明に騙《だま》されてはいけません。テロとの戦いには、アルカイーダの場合も「イスラム国」の場合も、宣戦布告も和平条約の締結も考えられず、終わりのない緊急事態になりかねないのです。

今年になってから、高市《たかいち》総務大臣は放送法４条のさだめる放送の公平性を根拠に、政府が偏向していると見なした放送局の電波を停止できると言明しました。自民党は選挙報道やアベノミクスに関する報道について、放送局に具体的な報道の方法まで要請を行ったりしています。2016年4月に日本における表現の自由の状況を調査した国連人権理事会の特別報告者デビッド・ケイ氏は、日本における報道の独立性は重大な脅威に直面しているとし、とりわけ秘密保護法と放送法にもとづく電波の停止などの圧力が自主規制をもたらしていると指摘し、報道機関が連携してこのような動きに抵抗すべきであるとしています。

安倍政権が繰り広げてきた秘密保護法・戦争法の制定とメディア規制は、国民の目を真実からそらし、自由な言論・表現を封じ込め、戦争への道を歩み始めるための第一歩だといえます。

今年の夏の参議院選挙では、危機に立つ日本の「表現の自由」と「知る権利」、さらには「民主主義」「立憲主義」を私たち市民一人一人の力で守ることができるのか、私たちの国の民主主義の真価が問われていると思います。安倍政権を選挙で勝たせたら、戦争が始まりかねません。緊急事態条項を突破口として安倍政権が進める改憲を食い止めるための闘いを、有権者になったばかりの若い皆さんと共に進めていきたいと思います。

**海渡雄一（かいど・ゆういち）**　1955年、兵庫県生まれ。81年、弁護士登録。2010年から12年まで日弁連事務総長。脱原発弁護団全国連絡会共同代表、NPO法人監獄人権センター代表、秘密保護法対策弁護団共同代表。著書に『原発訴訟』『朝日新聞吉田調書報道は誤報ではない』『市民が明らかにした福島原発事故の真実』など多数。

# 僕の覚悟は負け続けても旗を降ろさないことなんですよ

デモクラシーというシステムは、一応日本が戦後取り続けてきたものですよね。でも、自民党の「改憲草案」を読むと、彼らは「デモクラシーをやめましょう」という提案をしてるわけです。実際、安倍さんたちは2012年に政権を取って以来、デモクラシーを破壊するような政治をずっと続けている。そして、それを私たち主権者が、選挙で何度も勝たせることによって、半《なか》ば容認している。ここが問題の根源《こんげん》だと思います。

こうなったのには複合的要因が考えられると思うんですけど、一つは大震災でしょう。幸か不幸か、あのときに政権を担当していたのが民主党だった。民主党が政権を取ったとき、みんながある種の期待を抱いていたわけだけど、3・11へ

# 想田和弘

（映画監督）

に、思ってたんじゃないでしょうか。ところが、民主党政権が誕生したときに、あまりにも対応がひどくて、絶望に変わった。しかも地震、そして原発事故によって、非常に心が不安定なときに、やっぱり元に戻りたいっていう意思が強く働いたんだと思うんです。60年も続いた自民党という政権の、ある意味、盤石《ばんじゃく》に見えたシステムに戻れればという心理が働いた。

それで2012年12月の総選挙では、安倍さん率いる自民党が圧勝したわけだけど、その流れが現在まで、ずうっと続いているんじゃないかな、というのが僕の見立てです。

ただ肝心の自民党が、元の自民党からは相当に変質しているんですね。そこがトリッキーなところです。昔の自民党に戻るのであれば、僕はここまで危機感を抱かないし、まともな政治かどうかは別にしても、少なくともデモクラシーは維持してくれるだろうと思うんですけど。

下野《げや》している間に、おそらく自民党はものすごく焦《あせ》ったと思うんですね。それまで、たぶん自民党は、いくら批判されても、いくら言論の自由が日本で保障されていても、自分たちが権力の座から引きずり下ろされることはないというふうに、思ってたんじゃないでしょうか。

完全に権力を失い、それが自民党にとってトラウマになった。

あのとき、自民党は痛烈な批判に晒《さら》されたわけですよ。マスメディアだけじゃなくて、一般の主権者からの批判にも晒されて、それが原因で下野したわけですけど。そして下野している間に、「ああ、やっぱり言論の自由が保障されている状況は、自分たちにとって危《あや》ういんだな」ってことを、たぶん気づかされたんでしょうね。それもあって、非常に反動的な改憲案を作ってきたし、権力についてから一番真っ先にやったのが、メディアの統制ですよね。ＮＨＫのトップの首をすげ替えたり、番組に圧力をかけたり、朝日新聞をバッシングして黙らせようとしたり。メディアをどう操っていくかということに、非常に熱心になってますよね。

だから、前の自民党とはずいぶん違う。それと、下野する前からですが、小選挙区制が導入されたことで、総裁に権限が集中するシステムになったのも大きいと思います。安倍さんが突然、ＴＰＰの交渉に参加すると表明したとき、その構造が非常にわかりやすく表面化した。本来、ＴＰＰに自民党は反対だったわけですよ。ＪＡとつながっていたい自民議員は多いわけですから。ところが選挙の公認権を総裁一人に握られていることで、結局は党内のＴＰＰ反対運動も尻つぼみになってしまった。自民党内からほぼ多様性が消えてしまって、安倍総裁が独裁しているような状態なんですね。

問題は安倍政権や自民党の全体主義的な動きについて、我々主権者のどれだけ多くの人がそのことに気づいているかってことですよ。ほとんどの人は、たぶん自分の関心のレーダーに入ってないんだと思います。興味がない。

この状況をどうしたら打開できるかってことについては、僕自身にもわからないです。僕にはペシミスティック（悲観的）というか、現実主義的なところがあって、つまり自分の言動で、誰かをガラリと変えるようなことって、そもそも難しいと思ってるんですね。だって、例えばもう20年も連れ添っているカミさんの意見や関心ですら、自分には変えれないですもん。なのに他人様の意見や関心の持ち方を、おいそれと変えることができると思いますか。ソーシャルメディアでも同じ考えの人には言葉が届くけど、違う考えの人にはなかなか届かないんですよ。で、その認識が大前提にあるべきだと僕は思っている。それでも、僕は自分の発言や行動はやめないですけどね。

僕らは、どんどん負け続けていくと思うんですよね。残念ながら、デモクラシーを守りたいっていうふうに考えている人間は、今は少数派なので、僕らにとって負けとしか言えない状況が、これからどんどん出てくると思うんですよ。で、そのときに毎回毎回ガッカリするとですね、これ運動にとってはマイナスなんです。だって、もうガッカリしたくないから、次をやりたくなくなっちゃうじゃないですか。だから、あんまり期待しないほうがいいですよ。

今度の参院選でも勝とうと思ってベストを尽くすことは、すごくいいことだと思います。良いことだし、大事なことなんですけど、ベストを尽くして結果が出なかったとしても「そういうもんなんだ」っていう非常に現実的な認識を一緒に持ってないと、終わっちゃうんですよ、そこで。

僕の覚悟は、負け続けても旗を降ろさないということなんです。これは1930年代のドイツでナチスが台頭してきた頃に、ハンス・ケルゼンという法学者が遺《のこ》した言葉の受け売りなんですけど。要は「これから民主主義が終わるかもしれないけど、独裁によって民主主義を救済しようなどということを、我々民主主義者は望むべきではない。民主主義という船が沈むのであれば、そのときに、自分たちは民主主義の旗を降ろさずに沈んでいくべきだ。そうすることで、いつかその旗が復活してくる可能性が残される」という趣旨のことを書いてるんですね。そして実際、ドイツのデモクラシーはナチスによって一度滅ぼされたわけですけど、その後、復活したじゃないですか。今や世界のデモクラシーをリードする国になっている。

人間って必ず死ぬじゃないですか。でも、死ぬのがわかっているからといって、いいかげんに生きればよいわけじゃない。最後に死ぬってわかっているのに、みんな一生懸命に生きるんです。それと同じなんですよ。

デモクラシーは終わるかもしれない、一回。だけど、デモクラシーを望むのをやめるかというと、そうではないってことです。とにかく長い目で見ないとダメだと思います。これは長い人類史の一部であると。歴史の中に「現在」という時間があって、その現在という時間を我々は生きているんだっていう、歴史的なマッピングをしながら、俯瞰《ふかん》してみることがときどきは必要なんじゃないかなと思いますね。（談）

**想田和弘（そうだ・かずひろ）** 1970年、栃木県生まれ。映画監督、ニューヨーク在住。自ら「観察映画」と呼ぶドキュメンタリーの手法を提唱・実践。事前のリサーチや台本作り、ナレーションやBGMを排した作品を発表し続けている。代表作は『選挙』『選挙2』『精神』『Peace』『演劇1・2』。海外での受賞歴も多数。最新作は観察映画第6弾となる『牡蠣工場』。

# H・G・ウェルズの人権宣言

岩井俊二
（映画監督）

数年前、僕はとあるタイムトラベルの物語に取り組んでいた。これはまだ実現していないが、下調べのためにHGウェルズの『タイムマシン』を読んだ。タイムマシンの起源とも言えるこの小説のことは知ってはいたがちゃんと読むのは初めてだった。さすがウェルズ。SFの父と言われるだけのことはあった。その完成度の高さはなんら色褪《いろあ》せていない。物語は時間旅行にとどまらず、人類の未来の進化した姿までもが描かれていた。それはひとつの仮説としていまだに説得力を持つクオリティだ。思えばエイリアンとの戦いを描いた『宇宙戦争』は、人類とエイリアンの壮絶な戦いが始まると思いきや肩透かしのようにエイリアンが自滅してゆくという結末で、エイリアンが地球の菌に耐性がなかったからという極めて合理的な理屈で決着した。彼の先見の明が超人的なのは昔から有名だが、中でも出色とも言えるのが『開放された世界』だろう。これは世界で初めて核戦争について描かれた小説だ。ここに出てくる核兵器は我々人類がまだ到達していない領域だ。いつまでも爆発をやめてくれない。太陽のように。これが書かれたのが一九一四年。第一次世界大戦の年だ。物理学者のレオ・シラードがジェネラル・エレクトリック社の創始者ヒューゴー・ハーストにこの本を勧めたのは一九三四年。ウェルズが核兵器の発想を一九一四年に既に持っていたことに驚いているが、彼はその後マンハッタン計画※の主要人物となってゆく。悪魔の研究にヒントを与えてしまったウェルズだが、彼自身はというと、人類の未来を憂《うれ》いていた。いずれ戦争によって人類は滅びるのではないかと真剣に怖《おそ》れていた。実際、彼は行動も起こしている。当時の権力者と会い、果敢に論戦を挑んでいる。第一次世界大戦への参戦を決めたアメリカ大統領ウィルソンは「戦争を終わらせる戦争」という言葉を使ったが、これはウェルズの論文のタイトルである。ウィルソンはウェルズの影響下で国際連盟の創立に主導的役割を果たす。しかし、国際連盟もウェルズにとっては満足なものではなかった。彼は国家があり続ける限り戦争はなくならないと考えたのだ。第一次世界大戦直後の一九三九年に彼が書き、委員会を

※マンハッタン計画＝第二次世界大戦中、アメリカにおいて国家主導で進められた原子爆弾の開発製造計画。広島・長崎への原爆投下につながり、その後の核開発競争の出発点ともなった。

通過させた『サンキー権利章典』は人類史上初の世界人権宣言となった。ウェルズは同時にルーズベルトやスターリンらと面会し、議論し、この世界人権宣言の布教活動を展開する。世界人権宣言はやがて一九四八年に国際連合の場において宣言されたが、残念ながらウェルズはこの二年前にこの世を去っている。『サンキー権利章典』はウェルズが書いただけあって情熱的で小説のように読みやすいので、是非読んで欲しい。国連における『世界人権宣言』は公文書的な言葉遣いではあるものの、基本理念は同じである。

「人類社会のすべての構成員の固有の尊厳と平等で譲ることのできない権利とを承認することは、世界における自由、正義及び平和の基礎であるので、人権の無視及び軽侮が、人類の良心を踏みにじった野蛮行為をもたらし、言論及び信仰の自由が受けられ、恐怖及び欠乏のない世界の到来が、一般の人々の最高の願望として宣言されたので……（中略）……この人権宣言を公布する」『世界人権宣言』（一九四八年一二月一〇日　第三回国連総会採択）

なにか日本国憲法の序文を読んでいるようではないか。国内では敗戦後に押しつけられた憲法だという声も聞こえてくるが、押しつけられたのだとしたら何を押しつけられたのか？　あの理念はどこからやって来たのか？　何を目的としたものだったのか？　実は僕らはまだそこをちゃんと理解していないのかもしれない。

SFの父H・G・ウェルズと日本国憲法の因果関係についての議論は専門家に譲るとして、ひとつ言えるのは、人類がウェルズの危惧《きぐ》した通りの道を進んでいるということだ。今や地球上には数え切れない量の核兵器が存在する。それが人類史上一度も使われずに済んだなんて、都合のいい将来が本当に待ち受けてくれているのか。想像するだに戦慄《せんりつ》を禁じ得ない。

H・G・ウェルズは百年も前にそれを想像し、戦慄したのである。

**岩井俊二（いわい・しゅんじ）**　１９６３年、宮城県生まれ。91年、ＴＶドラマ『見知らぬ我が子』の演出でプロデビュー。93年『打ち上げ花火、下から見るか？　横から見るか？』がＴＶドラマでありながら、日本映画監督協会の新人賞を受賞。『Undo』『Love Letter』『スワロウテイル』『リリィ・シュシュのすべて』『花とアリス』などの映画作品は国内外で高く評価される。最新作は『リップヴァンウィンクルの花嫁』。

SPECIAL

# 立憲民主主義促進法で壊れた日本をつくり直そう

水上貴央
（弁護士、ReDEMOS）

## 1 安保法案と壊されかけた立憲民主主義

２０１５年の9月16日、私は、いわゆる安保法と呼ばれる法律案の審議に際して横浜で行われた地方公聴会で公述人という立場でお話ししました。

そこでは、この法案は明らかに憲法第9条が禁止する武力の行使を認める規定になってしまっていること、法案の内容が、政府の国民に対する説明と全く異なっていることなどを示し、このような状況で無理矢理この法案の採決を行うことは、もはや民主主義ではなく、何でも多数が賛成しさえすれば決めてよいという、単なる多数決主義であるというお話をしました。与党議員を含む多くの議員の方が熱心に耳を傾けてくださいました。

しかし、その翌日、この法案を審議する参議院の委員会では、議事の中断中に突然、委員でもない与党議員が委員長を取り囲んで、あたかも「人間かまくら」のようなものを作り、野党の委員からは何をやっているのかも全く理解できないような状況で、与党委員が6回ほど立ったり座ったりし、それをもって法案を可決するものと決したなどという議事録を後からねつ造することで、この法案を採決できたことにしてしまいました。

まさに、地方公聴会のときに私が言った「民主主義」でもなく、多数決主義でさえない方法で、国の重要なあり方を変えかねないこの法案は、国民に押しつけられました。

今回行われたような「かまくら採決」が許されてしまうと、究極的には、まともな議論を行わなくても、いきなり「人間かまくら」を作って採決と称する行為を強行し、あとは議事録をねつ造すれば多数派があらゆる法律を作ることができ、民主主義は破壊されてしまいます。

また、この法律では、日本への攻撃もなく、攻撃の意思もない他国に対して、日本が他国を守るために攻撃を加えるという集団的自衛権が認められています。政府は新三要件という厳格な基準に従うものに限定すると説明していますが、政府が要件の一つに挙げている「必要最小限」という基準が条文には書かれていないなど、この説明は法案の内容を意図的にねじ曲げたものとなっています。加えて、日本が他国の戦争行為を支援し、攻撃直前の爆撃機に弾薬を補給するといった行為を世界中で行うこと等も可能となります。これは、明らかに、既に確立している憲法第9条の解釈に反するものですが、政府はこれまで憲法の番人として機能してきた内閣法制局を人事権をたてに骨抜きにし、ろくな憲法審査も行わないままに、合憲であると強弁し続けました。このように、政府は、憲法の枠内で立法や行政活動を行うという立憲主義をも完全に踏みにじってしまいました。

## 2 壊れた日本はつくり直せる

つまり、残念ながら、現在の日本は、民主主義も立憲主義も破壊されかけた「かまくら時代」なのです。

しかし、だからこそ、この国の将来を担う私たちが、この国の立憲民主主義を、もう一度つくり直すときです。そして、それは可能です。

私は、SEALDs《シールズ》の奥田愛基《あき》さんや上智大学の中野晃一教授らと一緒にReDEMOS《リデモス》という市民のためのシンクタンクを立ち上げました。

そこでは、壊されかけた立憲民主主義をもう一度立て直すために「立憲民主主義促進法」という法律を制定しようと議論しています。これは、憲法に反する法律が作られてしまわないように裁判所が立法の段階でその内容をチェックする仕組みの構築や、国会が民主主義のプロセスに沿って議論を進めるための最低限のルールの明示、報道の自由に対する圧力の禁止など、現在の政府が次々と壊そうとしていることを、一つひとつ制度として作り直すための法律です。現在、具体的な法文案を様々な専門家の方々と議論しています。

残念ながら、これまでの日本の制度は、良識無き権力者の横暴に十分に対抗できません。

それならば、私たち自身が、実際に法律や制度を作って、二度と立憲民主主義を踏みにじられない仕組みを再構築すればいいのです。私たちがお互いに知恵を出し、前向きに議論し合えば可能なことです。

## 3 憲法は私たちが政府に押しつけるもの

日本国憲法は「押しつけ憲法」だと言う人がいます。たしかに、日本国憲法は、戦後、二度と戦争などしたくない、平和の下できちんと発展していきたい、一人ひとりが尊重されて豊かに暮らしたいと願った多くの人々が、アメリカという外圧を上手に活用しながら、当時の国の為政者たちに「押しつけた」ものです。

そして、実は、イギリスでもフランスでも、多くの国の憲法は、自分たちの権利を尊重してほしいと願う市民たちが、当時の国王やその他の為政者に対して押しつけてできたものです。だから、当時の為政者の立場に立って、戦前のような日本を理想とする人にとっては、まさに、日本国憲法は「押しつけ憲法」なのです。

今、日本は、この憲法を、政治権力者の側が国民に押しつける憲法に変えようとする動きがでています。中でも、いざとなったら全ての権力を政府が握ることができるという「国家緊急権」というものが入れられてしまうと、憲法は、私たちのためのものから、国家のためのものへと、全く変わってしまいます。これは絶対に阻止しなければなりません。

## 4　自由で互いに尊重しあえる未来へ

憲法が、国が国民に押しつけるものへと変えられそうになっている今こそ、私たちは、もう一度、立憲民主主義について真剣に考えなければなりません。一時的な感情にとらわれず、長い目で、この国のあり方をデザインしていく時期が来ているのです。

戦後100年を迎える2045年は、いま18歳の皆さんが47歳です。ちょうど皆さんの子供世代が同年代になる頃、日本は平和で豊かな国でいられるでしょうか。18歳の皆さんが今まさに声をあげ動きだすことが、今よりも格差を小さくし、表現や報道の自由を守り、子供を安心して育てられる社会につくり直せるかどうかの鍵となります。

この国の未来に私たちが責任をとるためには、私たちがお互いに、自由で、相互に尊重しあい、ともに一歩ずつ明るい未来をつくっていくことが必要です。立憲民主主義促進法の制定で、壊れかけた日本をつくり直す第一歩を踏み出しましょう。

**水上貴央（みずかみ・たかひさ）**　1977年、北海道生まれ。弁護士。99年、一橋大学経営学科卒。2007年早稲田大学法科大学院終了。早稲田リーガルコモンズ法律事務所パートナー弁護士、特定非営利活動法人「再エネ事業を支援する法律実務の会」理事長、青山学院法務研究科助教、15年奥田愛基氏、中野晃一氏とともに、市民のためのシンクタンク『ReDEMOS（リデモス）』を立ち上げる。

# 「論外」の現政権には「NO」と言うしかない

「毎日がエイプリルフール」と山本太郎が言っていたように、現政権は虚言《きょげん》と暴言と失言のオンパレードで、国会の論戦でも、全く話がかみ合っていません。コトバを軽視する政治家の姿勢は、政治に対する不信を増幅するだけです。どんな政治家も過ちを犯すのだから、その行動は憲法で縛っておく必要があるという「立憲主義」の原則そのものを否定するなど「論外」で、自民党議員は全員辞職すべきです。

本来、自民党は内部に政策多様性を秘めた、実質的に各派閥による「連立政権」でした。派閥間の調整や野党との協議など、充分な議論を通じて、慎重に事を進める保守政党でした。憲法改正はもちろん、全てに慎重で、異論に対しても議論を尽くす。「何も変えないがために、ほんの少し変える」という態度だった。しかし、今やその保守も党内から一掃され、党員全員が首相に右へならえする完全に極右政権になっています。党内から異論が

島田雅彦
（小説家）

出てこないというのは、「異論を唱えれば、次の選挙はない」という脅《おど》しのもとに、党議拘束がかけられているから。さまざまな法案審議で決を採るときに、自民党議員は渡されたペーパー通りに票を入れるそうです。だから、議員はロボットでいい、そこにいるだけでいい。思考停止しても議員は続けられる状態です。

結果、政治的選択の幅が狭まり、憲法違反としての安保法案の成立に党員のほぼ全員が賛成し、野党もその対抗軸をつくれずにいる。政治の場からイデオロギー対立や政策論議そのものが消滅してしまったのです。右翼と左翼が拮抗《きっこう》関係にあれば、論戦も進むし、現政権とは違う政治選択もありうる。しかし、それが全く無化されてしまうと、政治家の権力志向ばかりが肥大化します。意味なくいばる奴ばかりがのさばる。

防衛省と外務省と主要官庁の官僚は、自分たちに有利な政策を展開してくれる人々を操っているわけですが、かつては外務省も、アメリカ議会と関連する軍産複合体の利益を代弁する、日米安保に寄生した人たちとも言える親米派（アメリカン・スクール）だけではなかったのです。親ロ派もいれば、そのときどきの国際情勢に応じて臨機応変に政策を決定していこうとするグループもあって、それぞれが拮抗関係をつくっていたわけです。しかし、小泉時代から民主党時代を通じて、そうした多様性が著《いちじる》しく失われてしまった。要するに「アメリカン・スクール」でなければ出世できない、そういう組織の硬直性が進んでしまったということです。首相もアメリカの傀儡《かいらい》にすぎません。

自民党のみならず、官庁、政府機関、自民党支持の大企業、本来、公平中立であるべきマスメディア、学校にまで、同調圧力は高まっており、政権への過剰な配慮がなされ、政権批判を自粛するような事態が生じている。公然と政権批判すれば、主要人事から外されるという事態が実際に起きている。今のポストにとどまりたかったら、既得権益を守りたかったら、おとなしくしているしかないという萎縮《いしゅく》状態に置かれている。民進党の優柔不断もそこに起因している。結果、どの組織も政権の広報を積極的に務めるような面白くない奴、凡庸《ぼんよう》な人物が要職に居座る。こうして、くだらない奴がいばる社会ができる。

首になりたくない、閑職《かんしょく》に飛ばされたくない、その気持ちはわからないでもないが、そんな保身をしても、いずれ政権は腐敗し、交替するのだから、無駄な抵抗である。そんな気弱な人にはとっておきの振る舞い方がある。おのが信条と政治的立場を、同調圧力によって曲げなくて済む方法として、面従腹背《めんじゅうふくはい》を貫けばいいのです。

選挙は無記名で、プライバシーが確保されている。表向き自民党支持という態度をとっていても、世論調査や出口調査で自民党に入れたと言っても、実際には反対票を投じることはできるのである。そうやって、ぎりぎり自分の意思を通せば、いいではないか。あなたがまだ若く、自らの信条で追いつめられるような心配がなければ「どうぞ！　自分の気分、不快感に忠実に投票行動をなされればよい」と思います。「嘘つきは嫌いだから」でもいい。「いざとなったら、全部福祉を切ってくるだろうから」とか。あるいは「年金の運用に失敗したから」とか「原発止めないから」とか、単純にそれだけでよいじゃないですか。それだけで「NO」という理由になるはずですよね。

民進党が嫌いとか、共産党がいまひとつ信用おけないとか、そういう思いはあるにせよ、そちら側に投票しておけば、自動的に自公に入る票が減るのだから。あんなに思い上がって、議論もろくすっぽしないで、独裁的に決めていくことはできなくなります。憲法改正も遠のきます。少なくとも、改憲勢力が三分の二になるような事態だけを回避できればいいわけです。

ここで国家総動員のようなことをさせてしまったら、無能な奴らが、ますます威張るだけです。くだらない奴らをこれ以上威張らせないためにも、投票に行きましょう。（談）

**島田雅彦（しまだ・まさひこ）** 1961年、東京都生まれ。小説家、法政大学教授。東京外国語大学在学中の83年『優しいサヨクのための嬉遊曲』を発表し、注目される。84年『夢遊王国のための音楽』で野間文芸新人賞、92年『彼岸先生』で泉鏡花文学賞、2006年『退廃姉妹』で伊藤整文学賞を受賞。主な著作に『天国が降ってくる』『僕は模造人間』『ニッチを探して』『悪貨』『虚人の星』などがある。

# 一人一人が今というこの瞬間を大切に生きていくことそれが未来への光に繫《つな》がる

今、この時代にタップダンサーとして自分は何を表現していくべきかということを考えるとき、世の中で起きているさまざまな出来事、社会とのつながりを避けていくことはできないと思います。

特に震災以降、東北は自分の故郷であるということもあり、何度も津波の被害の大きかった地域等に行きましたが、一向《いっこう》に変わらない被災地の惨状を見る度にとてもつらく重苦しい思いを心に感じ、自分の無力さを痛感しました。

それと同時に自分自身は「一人の人間として」どう生きるべきか、そして本当に大切なことは一体なんだろうかということを常に考えさせられた数年間でした。その上で悩みながらもNYという場所で自分がやるべき挑戦を続けていくことを選びました。

# 熊谷和徳

（タップダンサー）

ＮＹでの活動では、アジア人の自分は圧倒的なマイノリティであり大変なことは日々ありますが、そのなかでも国境や異なる価値観を超えてアートは人と人をつなぎ、自由にし、そして笑顔を生むことを実際に見て感じることができたことで、アートが世の中を変えていく強いエネルギーとなるという希望や信念を抱くことができました。実際に人と触れ合い、心通じる経験は、ネットで見るいかなる情報よりも何より力強いリアリティがあります。

一方で「政治」について考えるとき「政治的」な言葉はとてもシンプルで当たり前のことをより複雑にしてしまうがゆえに、大切な何かが抜け落ちている気がするのです。人を思いやる「感情」や痛みを分かち合う「心」は、今の政治という分野のなかでは感じることは難しいです。

東北の３・11、そして昨今の九州での震災において、あれだけの多くの人たちが命を失くし、家を失くし、故郷を失い、現在もたくさんの苦しんでいる人たちがいる現状、そして全く解決する糸口もないままに福島の原発は今も汚染水を海へと垂れ流している状況は、今や日本だけの問題を超えて世界中の人たちが目を見張っています。今、これらの本来助けるべき人たち、解決する問題が山積みにあるにもかかわらず、多くの語られる「政治的な問題」は、現状の問題の本質からは遠ざかってしまっていると感じます。そしてそこで語られる多くの意見もまた、自分が正しい、相手が正しくないということだけを言い争うだけで、目の前の苦しんでいる人たちに対しては、何の解決も生まない不毛な議論になってしまっています。多くの場合「政治」という言葉のトリックで巧《たく》みに問題がすり替えられ、一部の人達だけが潤《うるお》う経済にだけ関心が向いているように思えます。

このような状況のなかで、僕のように自分の力では何も変えることができないかもしれないという圧倒的な無力感を、心の奥底で感じている人たちは多いと思います。きっと若い人たちが政治に希望が持てない理由もまた、この無力感を無意識にも植え付けられているからではないでしょうか。

しかし、タップダンスという文化が奴隷制《どれいせい》のために話すことや歌うことを禁じられたアフリカの人々によって壮絶な差別や暴力を乗り越えることから生み出されてきたように、これだけの闇が社会を覆《おお》うときだからこそ、それ以上の強い光がこれからの世の中に生まれてくると僕は信じています。

その世の中を変える光は、一部の政治に関わる人達だけでなく、僕ら一人一人が日常のなかで生きている意志の中に生まれるはずです。子供達一人一人の感性、自由な発想、人を思いやる気持ちを育むことが未来の光です。そのために諦めず、小さな光を心に灯《とも》し続けることが大事だと感じます。難しいことではなく、そのような気持ちを持って生きることで社会における問題意識にも正しく向かい合って、話し合える空気が生まれてくるのではないかと思います。

一人一人がキラキラと輝いている社会ならば、争いよりも愛情を大切にするような豊かな未来が得られるはずです。そのためにはまず自分自身から変化を起こしていかなくてはいけません。

“WAR IS OVER IF YOU WANT IT”（あなたさえ望めば戦争は終わる）というジョンレノンの言葉は今もなお生きています。もし一人一人が心から理想を信じるなら、僕らは自分達が思い描く社会をつくっていけるはずです。その理想を諦めることをまずやめましょう。たとえ困難な道であっても自分の生き方を、信念を諦めずに毎日を生きましょう。

震災を経て福島の悲惨な事故を経験してきたからこそ、原発をやめてクリーンな自然のエネルギーに切り替えて世界に誇れるモデルケースを創りましょう。

世界の中で唯一の被爆国であるからこそ、国際的に争うことよりも理解を深め合うように、武器を持つことのない戦争をしないための平和憲法を守りましょう。自分の子供達、その子供達やもっと先の世代へと、誇りを持てる未来へのバトンをしっかりと渡せるために『今』という時代を一日一日を大切に生きていきたいです。未来の灯火は今を生きる僕らにかかっています。過去の歴史から学び、今の瞬間を一生懸命生きていきましょう。

今が本当に変わる時だと信じて。

**熊谷和徳（くまがい・かずのり）**　１９７７年、宮城県生まれ。19歳で渡米。タップ界の神様、グレゴリー・ハインズに絶賛され、世界最大規模のタップの祭典、ＮＹタップ・フェス（タップ・シティ）に10年連続出演。２００６年には米国「ダンスマガジン」で「世界で観るべきダンサー25人」の一人に選出される。現在、ＮＹと日本を二大拠点として世界各地の舞台で活躍するかたわら、日本全国でワークショップを開催。

# 憲法と、社会の成熟

茂木健一郎
（脳科学者）

憲法に関する私の考え方は、少し非典型的かもしれないと思うので、以下では、そのことについて説明したいと思う。

まず、私は、憲法の一つひとつの条文自体に、重要な意味があると必ずしも考えているわけではない。むしろ、文章化されていない、背景にある思想の方が大切だと考えている。

英国は非成文憲法である。国がすべきこと、してはいけないことなどが、条文で明示化されているわけではない。それでも、なぜ英国がこれまで破綻《はたん》なく、民主主義という意味ではむしろ先進的な国であり続けてきたのかと言えば、そこには原理、原則のようなものがあったからである。

そもそも、人間の思考は、必ずしも明示的に書けるわけではない。それは一つの暗黙知であり、含意《がんい》、時には、生き方そのものである。憲法という明示的なルールで書けることは、実は限られている。そのような知恵が、英国の非成文憲法にはあるように思う。

しかし、英国のような非成文憲法が成り立つためには、いくつかの条件がある。何よりも大きいのは、社会の中に、人権などの普遍的価値や民主主義の原則について、共通認識が広く「教養」のように行き渡っていることだと思う。

もし、社会の中の一人ひとりに、政治はどうあるべきか、少数派の人の権利、価値観は、どのように尊重されるべきか、そのような共通の認識が行き渡っていれば、憲法の条文に明示的に指針がなくても、国はそれほど道を誤らない。問題は、そのような「教養」が、社会の中に行き渡っていない場合だろう。

さまざまな歴史的な理由で、社会の中に、参照されるべき普遍的価値観が、教養として普及していない時、成文憲法は一つの「重し」になる。政治家が時にどんな発言をし、どのような行動をとるかわからないから、そのようなことがないように、憲法で縛りをかけておく。日本の戦後における憲法のあり方に、そのような側面があったかもしれないことは、誰も否定できない。

成文憲法は、ある意味では、国の非成熟の指標なのである。アメリカ合衆国憲法は、非成熟というよりも若い国だったアメリカの建国精神を表した。日本国憲法の成立の経緯は、皆が知る通りである。ドイツのワイマール憲法は、当時としては画期的な内容だったが、しばしば論じられるように、ナチスの台頭を妨《さまた》げることはできなかった。

どんな憲法も、国民の成熟がなければ、絵に描いた餅である。また、成熟があれば、それこそ、条文にこだわらなくてもいい。時には、条文にこだわることが、成熟していないことの象徴、あるいは、社会の中の無軌道な動きを抑える「重し」としての憲法の必要性の表れであることもある。

つまり、本当の問題は、日本が、民主主義的に成熟しているのか、ということだ。問われているのは、そのことである。

日本は、世界的に見ても、それほど悪い国ではないと思う。むしろ、いい国だろう。私は日本で生まれ、育った。そして、今も日本で生活している。グローバル化と言っても、結局はローカルの積み重ねだから、自分の生まれ育った国を愛し、大切に思うということは、自然な感情だと思う。

一方で、日本の課題がさまざまにあることも事実である。例えば、異質なもの、少数派に対する寛容。多様な意見を許容し、そのぶつかり合いから新しい価値観を生み出していく、ダイナミックなプロセス。この世界に関する学びが、基本的に終わりがないもの（オープン・エンド）であることを認識し、正解のない道筋を行くという覚悟。これらの社会的資本が、日本には、どれくらい蓄積されているのか。

いわゆる「マインドセット」と呼ばれる、価値観や世界観の姿勢において、日本の社会がさまざまな課題を抱えていることは、事実だ。

なぜ、今、憲法問題がこれほど問われているのかと言えば、つまりは、日本の社会の民主主義的な成熟が、日本国憲法が制定された当時に想定されていたほどには、進んでいない、ということの表れだと思う。問題の本質は、憲法にあるのではない。社会の方にこそ、あるのだ。

憲法の問題で、結局問われているのは、社会そのものだということを見誤らなければ、私たちは正しい方向に生きることができる。憲法だけを守っても、あるいは改正しても、問題は解決しない。もし、社会の中の民主主義的成熟を進めなければ、憲法を守っても、それは、いつ噴出するかわからないマグマを無理やり抑えているようなものだ。

重しとしての憲法が未成熟な社会を抑えているだけでは、過去、多くの国でそのような事例が見られたように、いつかは矛盾が露呈《ろてい》し、破綻してしまうことになる。

本当の問題は、憲法ではない。私たちの日常における、私たちの価値観、世界観、人権感覚、異なる他者との関わり方の問題なのだ、ということが見えてきた時、日本の社会は、本当の意味での成熟に向かうことだろう。

憲法問題の本当に望ましい解決は、憲法のことがそれほど重大な政治問題ではなくなった時に、訪れる。

日本から、いつの日か憲法問題がなくなることを期待する私は、一人の夢想家なのだろうか。

**茂木健一郎（もぎ・けんいちろう）**　１９６２年、東京都生まれ。脳科学者、作家、ブロードキャスター。ソニーコンピュータサイエンス研究所シニアリサーチャー。東京大学大学院物理学専攻課程修了。理学博士。東京大学・日本女子大学・大阪大学非常勤講師。『脳と仮想』で小林秀雄賞、『今、ここからすべての場所へ』で桑原武夫学芸賞受賞。著書に『脳とクオリア』『東京藝大物語』ほか多数。

U.S. ARM

# 「私のことは政治のこと」難しいことでも何でもないよ

この本を手に取ってくれた皆さんは、まじめにこの国の将来を考えようとしてくれているのだと想像します。まずそのことに、大阪のおばちゃんは「おおきに」と伝えたいんですわ。

まじめに何かを考えるって、とっても面倒くさいことやね。できれば、賢くて、優しくて、思いやりがあって、弱い人やツライ人にも目配り気配りができて、利己的でなく利他的であって、一方的じゃなくて対話重視、そんなリーダーになれる素敵な誰かにこの国の将来を任《まか》せて、自分たちはええとこ取りして生きていけたら、こんなに楽チンなことは無いねぇ。そんなリーダーが国会議員とか地方議員なるんやったら、この国の将来は心配しなくても大丈夫!!やろか？　いやいや、そんなわけないよなぁ。

谷口真由美

（法学者、全日本おばちゃん党）

民主主義って、実はとっても面倒くさい仕組みやねん。その面倒くささを引き受けるってことが、大人になるってことやと思う。自分たちの大切なことを人任せにしない、ってことやね。誰かに任せておいても、社会は良くならへん。だいたいにおいて、任せられて何でもできるようになってしまったら、人間ロクなことせーへんということは歴史が物語ってるやろ？　そうならないように、いまは民主主義っていう仕組みがええなってことになってるわけやねん。そして、誰か権力をもった人が治める国、人治《じんち》国家ではなくて、法によって治める国、法治国家であることも大切なこと。その法のなかでも、最高の法が「憲法」やねんよ。

まず、民主主義のことについて。日本に住んでる人全員が、言いたいことをそれぞれワーワー言うてたら決まるものも決められへんから、選挙っていう仕組みがあるわけやね。政治家のことを「全国民を代表する選挙された議員」（憲法43条）っていうのは、自分たちの代わりに議会に行ってくれる人っていう意味が込められてるねんよ。

「誰に投票してええかわからへん！」ということ、きっとあるわ。そりゃわからんよね、最初は特に。そういうときは、それぞれの候補者がどんな政策を訴えてるのか、自分が納得のいくことを訴えてる人は誰なのか、ちゃんと調べましょ。

一生懸命調べて見比べて、「選挙で選びたい人がいてない！」ってことも、きっとあるわ。

私も選挙は何かの罰ゲームかと思うこと、よくある。じゃあそんなときは、どうやって選んだらええかって？　こうなったら、よりマシな方を選ぶしかないね。それから、投票するときに、投票権の無い人（子どもとか在日外国人）たちのこととか、弱い人のことにちょっと思いを寄せてほしいな。候補者と握手したくらいで、友だちになった気分になって投票したらアカンねんで。

それに、選挙してから無関心でいたらアカンよ。自分が選んだ人がどんな動きをしているのか、ちゃんとチェックしておかないと。選びたくない人が選ばれても、その人をウォッチして意見をちゃんと言っていくことが大切やねん。例えば、国会議員が仕事をする場は国会やけど、これは国の唯一の立法機関やって憲法41条に定められてるやろ？　国会議員は、国の大切なことを決めるのと同時に、法律を作ることも仕事やねんよ。そんな大事なことを代わりにしてくれてるのに、選挙終わったら何してるか知らんってそれも無責任な話しやと思わへん？

次に、法のなかで一番強い効力をもっている「憲法」のこと。憲法って誰が守る義務あるか知ってる？　憲法99条に「憲法尊重擁護《ようご》義務」って書いてあるねんけど、ここに「国民」とか「われわれ」とかは書かれてないねん。読んだことある？　じゃあ誰がって「天皇又は摂政《せっしょう》及び国務大臣、国会議員、裁判官その他の公務員」、この人たちのことを「権力者」っていうねん。そう、憲法は「権力が暴走しないため」にも存在してるねんよ。最近よくメディアなんかでもいわれている「立憲主義」っていうのは、憲法によって政治を行って、憲法が権力のブレーキになって、権力を分散させて（三権分立）、人権を保障することやねん。

じゃあ私たちは何をしたらええんかな？　皆さんは、「憲法」読んだことあるかな？　憲法に出てくる、「日本国民」とか「われら」とかを「私」という一人称に置き換えて読んでみてほしいねん。そしたら、例えば「前文」の最後の一文は「私は、国家の名誉にかけ、全力をあげてこの崇高な理想と目的を達成することを誓ふ。」となるわけやね。誓ったことあるやろか？　そして12条、「この憲法が私に保障する自由及び権利は、私の不断の努力によつて、これを保持しなければならない」となるね。あと一つ、97条「この憲法が私に保障する基本的人権は、……、現在および将来の国民に対し、侵すことのできない永久の権利として信託されたものである」。ほら、こうして読んだら、気持ちが入るやろ？　どんな思想や信条を持っても良いねんよ。でも、それには、ひとさまを傷つけたらあきません、という大原則があることを忘れないでいてほしい。

皆さんは、どんな大人になりたい？　そして、どんな大人にはなりたくない？　お手本になる大人がいないなら、不幸なことやけど、それはおばちゃんらの責任でもあるから、謝《あやま》っとくわ、ごめんな。私は、大人になるっていうのは、人任せにしないで、人のせいにしないで、腹くくって、自分にも家族にも社会にも責任もって生きていくことやと思ってるねん。

まじめに考えれば考えるほど、大人になることから逃げたくなるかもしれへんけど、一人で引き受けなアカンことでもないねんよ。そもそも、人間一人では生きていかれへんねんからこそ、社会つくって国つくって、支え合って、助け合って生きていくわけやもんね。そのために、自分も隣の人も生きやすい社会をつくっていけたらええなって思わへん？「私のことは政治のこと」、どんなことでも社会で生きてる限り政治につながっていくねんから、難しいことでも何でもないよ。投票する権利があるなら、権利が無い人の分までしっかり責任もって投票してな。私も頑張るから、皆さんも頑張ってや。

**谷口真由美（たにぐち・まゆみ）**　１９７５年、大阪市生まれ。大阪国際大学准教授。専門分野は国際人権法、ジェンダー法など。２０１２年、Facebook上のグループ「全日本おばちゃん党」を立ち上げ、代表代行となる。モットーはオッサン政治に愛とシャレで突っ込みを入れること。非常勤講師を務める大阪大学での「日本国憲法」講義が人気で〝ベストティーチャー賞〟を４度受賞。著書は『日本国憲法　大阪おばちゃん語訳』など。最新刊は『憲法って、どこにあるの？ みんなの疑問から学ぶ日本国憲法』。

# 棄権は「現政権に政治を任せる」ということになってしまう

熊本の地震で、政治は多少変わると思いますよ。これはまだ予想だからわかんないけど、今度の日曜日（4月24日）に北海道5区の補選がある。※僕はね、野党の女性候補のほうが勝ちそうだと思っていた。自民党の候補が故・町村さんの娘婿《むすめむこ》、それに対して、この野党の女性候補はシングルマザーで、幼い頃から苦労もされて、福祉のことにも取り組んでいる、しかも、喋《しゃべ》り方が非常に柔らかくて、素敵なんですよね。それで野党の候補のほうが優勢だと思い、実際、先週までは世論調査も野党のほうが優勢だったの。ところが熊本の地震があって、ちょっと風向きが変わったみたい。ああいう大災害があったときは自民党のほうが安心できる。で、さらに安倍首相が来年の消費税2％引き上げを先延ばししたいと言っている。今回の地震で先延ばしするという理由付けができたという意味では、自民党にとって追い風になった。

## 田原総一朗
（ジャーナリスト）

ただこれで、安倍首相が最もやりたかった衆参ダブル選挙はしにくくなった。「地震の救援のことを進めているさなかに、ダブル選挙をやっている場合か!?」ということで、そこができなくなった。これはね、安倍首相にとっては相当痛い話なんでね、なんで彼がダブル選挙を望むかというと、つまり、選挙をしない期間を3年間つくりたい。で、選挙をしない期間に、彼は思い切った改革をやりたかった。一つは社会保障の改革でしょう。社会保障の改革って、はっきり言えば、保障を切るってことだ。つまり、1000兆円もある国の借金を返して、財政再建をするために社会保障を切る。これ、選挙があったらできないからね。もう一つは原発。政府は原発をやめようなんて思ってない。それをなんとか進めたい。そして、もう一つはTPP含めての農業改革。そういうことをやるためには、選挙をしたくないんだよね。選挙があるとできないから。だからダブル選挙をやろうと思ったんだけど、これができなくなった。

こうしてダブル選挙はなくなったけど、今回の参院選について言えば、だいたいこういう災害があると、与党有利なんだよ。こういうときには、やっぱり与党に頼るべきなんだと。今度の熊本地震では救援やいろんなもので、あまり政府への批判の声が出ていない。「これができてない」「これをやってない」という批判の声が出ていないから、これはやや与党有利になるかなと。今回はそうなる可能性があると。

※北海道5区補選は、自民党新人の和田義明氏が野党共闘候補の池田真紀氏を破って当選。得票数は、和田氏が約135800票、池田氏が約123500票。

僕は安倍さんの言っている憲法改正には反対なの。反対の理由はいくつもあるんだけど、一つはね、彼は安保関連法案を可決した。あれには解釈改憲が入っているわけだ。その上、さらに改憲をしようとしているのには、やっぱり憲法9条を変えたり、あるいは緊急事態条項などを作ろうとしている。僕は自民党が2012年に作った憲法草案の憲法9条には反対だ。それから緊急事態条項は危ない規定で、総理大臣がある一定期間、憲法に示された言論表現の自由や、さまざまな国民の権利を縛ることができるもの。そういう危ないことをやるための憲法改正案には反対。ただ、憲法改正はできないと思う。今回の選挙、公明党を加えても、改憲発議に必要な参院の三分の二の議席数は取れないと思うから。もちろん、今回の地震への対応に影響される部分もあるけど。

それと原発については、今回の地震で、川内《せんだい》原発を止めるべきだとか、停止する理由なしとか、賛否両論があるわけだけど、やっぱ自民党に、原発に関する総合戦略がないことが一番の問題だと思っている。すでに日本には1万7千トンの使用済み核燃料がたまっている。小泉純一郎という元首相が、フィンランドのオンカロというところを訪問した。そこは地下450メートルのところに穴掘って、使用済み核燃料を置いておく場所。ところがオンカロに置いた使用済み核燃料が無害化するのに10万年かかると聞いて、彼は原発反対を打ち出したわけだ。日本にはオンカロもない。使用済み核燃料をどうするのかということを、きちんと決める前に再稼働を進めていくのは、僕は反対。どんなに大変でも、そのくらいのことやんなきゃ。それができないなら、再稼働なんかするなと。

選挙の投票率を見ると、若手に棄権が多い。で、投票しない理由を聞くと「政治に興味がないから」って言うわけだけど、結果はそうはならない。そうはならなくて、結局は「今の政権与党に政治を任《まか》せる」ということになってしまうんだ。それでいいのか？　安倍政権がよいと思ってるんだ。思ってなかったら、投票行くよ。思ってなかったら、行くわけだ。日本っていう国は、世界の中でも極めてデモが少ない。アメリカでもイギリスでもデモはいっぱいある。デモがこれほど少ないってことは、国民の多くがおかみ頼み。今の政治権力に任せている。これはいいことじゃない。一つはね、野党がだらしない。安倍内閣ができてから選挙が3回あった。で、そのときに、テレビで全野党の党首に「安倍首相の政治政策にみんな反対だって言うけど、批判したって意味はない。国民は批判なんか聞く気持ちはない。そんなゆとりはない。例えば、民主党ならどういう政策をやるのか？　維新の党ならどういう政策をやるのか？　つまりアベノミクスに代わる、具体的な対案・政策を打ち出せ！」って言ったんだけど、どこも打ち出さなかった。でも、そのときに比べれば今回、野党は頑張ってるし、頑張ってほしいと思っている。候補の一本化もそうだけど、例えば、例の安保関連法案についても今回、民進党はちゃんと対案出してきたからね。

ところが、なんと自民党が、民進党の「安保関連法に対する対案」を審議しないと言っている。これ、とんでもないことだよね。これに対してマスコミは、もっと怒らなくてはならない。マスコミがだらしない!!　萎縮《いしゅく》してるね。あれはよくない。単なる自主規制なの。抗しがたい圧力なんてあるわけないんだ。僕なんか、総理大臣３人、失脚させたんだよ。海部《かいふ》俊樹、宮澤喜一《きいち》、それから橋本龍太郎。でも、でも僕に圧力なんてない。結局は覚悟の問題でしょう。（談）

**田原総一朗（たはら・そういちろう）**　１９３４年、滋賀県生まれ。60年、早稲田大学卒業後、岩波映画製作所に入社。64年、東京12チャンネル（現・テレビ東京）に開局とともに入社。77年にフリーに。テレビ朝日系『朝まで生テレビ!』などで、テレビジャーナリズムの新しい地平を拓（ひら）く。98年、戦後の放送ジャーナリスト一人を選ぶ城戸又一賞を受賞。『日本の戦争』『塀の上を走れ　田原総一朗自伝』など著書も多数。

# 世界の主《あるじ》について

そもそも、もしこの本を手に取っているなら、あなたはかなりの確率で投票に行くのではないでしょうか。

出来るだけそうして欲しいものだと思っておりますが、ひょっとしてまだ迷っていたり、当日になって行かなかったりしそうだなあと感じているのなら、次の行に進んで下さい。

なぜ投票に行きたくなくなるのでしょう。

それはほとんどの場合、「意味がないと思う」からではないでしょうか。

例えば自分の票は政治に反映されず、敗北感を味わうから。もしくは、自分が何万、何十万のうちの一人に過ぎないことを、はっきりと知るからでしょう。違いますか?

## いとうせいこう

（小説家、クリエーター）

つまりあなたはこの世界の主《あるじ》でありたいし、ビデオゲームやスマホの中では明らかにそうで、大体今も通信機器の画面にはあなたが過去に買った商品から類推された新しい物が用意されています。

あなたはもちろん、そんなのは企業の戦略だとわかっているけれど、一方でこういうのも「世界の主」になることなのは事実だと感じていて、「買う」「買わない」を決めるのは自分なのだから、その商品の組み合わせによって自分は他の誰とも違うと考える。

そう、あなたは資本主義の中では確かに「そういう世界の主」なのです。そのことをとやかく言うつもりではありませんので、さらに次の行に進んで下さい。

では、なぜそんな「世界の主」であるあなたの意思が政治に反映されないのでしょうか？

あるいは投票で支持した人が勝利したのだとしても、テレビやネットが届ける投票数ははっきりとあなたとまったく同じ行為をした人間の数を伝えていて、そこではあなたはしょせん「何万、何十万のうちの一人に過ぎ」ず、さらに何が虚《むな》しいかといっていつものネットの中とは違って、細かい文句は投票用紙に書き込めないからで、あなたがしたことといったらまるで奴隷《どれい》みたいに候補者の名前を書き、丸を付けたりしただけだからです。

あなたという「世界の主」がそんなことでいいわけがない。

しかし、考えてみて欲しいのです。

もしもあなたが敗北者に投票しなければ、勝利者陣営（つまり、あなたとは別の機械的な行為を行った者たちと、それを望んだ人々）はより多くの数の差を喜び、それを楯《たて》にしてあなたが望まない世界を作ります。

また、あなたが支持した人が勝利したのなら、あなたは例の奴隷みたいに並ばされて鉛筆を持たされて他人の名前を書くことで、あなたが支持した人の政治をもたらしたのです。

「何万、何十万のうちの一人に過ぎない」のに？　とあなたは考えるでしょう。

自分がそうしなくても結果は決まっていたのであって、わざわざ傷つくために投票所へ行く必要なんてない。政治が自分たちを救うことはないし、むしろ行かないことでやつらを無視してやれば、自分はいかにも「世界の主」として王座を降りずにすむのだと。

しかしあなたはあなたのような無党派層が、この日本の投票者の過半であることをニュースで見たことがあるでしょう。つまり「何万、何十万」の一人があなたであることを。その時、あなたがたは集団で「世界の主」なのです。

いや、前に投票したけど自分が投票した人は大差で負けたよ、と言うかもしれません。無党派層なんてバラけてなんの力もないんだ、と。確かにバラけていますね。バラけていなければそれは政治集団ですから。

けれどもある時、「世界の主」（集団）は突然力をあらわすのです。それはいかにも突然です。そしてなかなか予測がつきません。

じゃあ次の選挙じゃないかもしれないし、なんで力をあらわすまでじっと我慢《がまん》して投票していなければならないのか、とあなたはシラけた気持ちになっている可能性があります。

ひとことで言いましょう。

あなたが投票するべきなのは、あなたは「世界の主」だからです。

「世界の主」は意見を言うべきなのです。

そうでなければ、政治は「世界の主」に意見がないと判断して、あなたに不都合な世界をもたらそうとします。なぜなら意見を言いたくない社会にしたのは彼らだから。それはゆくゆくあなたから「世界の主」である権利を奪うでしょう。

彼らこそ「世界の主」でありたいからです。

たとえ、あなたの意見が投票行為として敗北をもたらしたのであっても、「世界の主」がどう考えたかは「世界の主」たるあなたの中に残ります。同時に票数を誰よりも気にする人たちが記憶に残し続けます。「何万、何十万のうちの一人」が恐いから。

一人はすぐに「何万、何十万」になるから。なにしろ、あなたたち「世界の主」が無党派層だから。

選挙とはそもそも市民を「世界の主」とする制度です。不完全ではありますが、あなたが票を箱に入れる瞬間、あなたは確かに「世界の主」であり、ネットの中で商品を勧められているあなたと少し違います。

あなたは〝他の商品を買わない〟ことで未来を変えられるのですからね。

何よりあなたが「世界の主」であることを、あなたは証明するのです。

言っておきますが「世界の主」は独裁者ではありませんよ。だから意見が通らないこともあるのです。

そして、「何万、何十万のうちの一人に過ぎない」からといって、あなたの存在価値が減じることはありません。あなたは集団として大きな力を持つ、そういうタイプの「世界の主」だからです。多にして一、一にして一。なんだかそういう不思議な存在です、有権者というのは。

ともかく、投票権を誇りにして下さい。

それを行使することは、「世界の主」の主たるゆえんの見せ場なのです。

そこを失ったら、あなたは「世界の主」である瞬間を味わいそこねます。

では行ってらっしゃい、ご主人様。

**いとうせいこう**　1961年、東京都生まれ。作家、クリエーター。出版社の編集者を経て、音楽や舞台、テレビ等、幅広い分野で活躍。88年小説『ノーライフキング』でデビュー。99年『ボタニカル・ライフ』で講談社エッセイ賞受賞。2013年『想像ラジオ』が三島由紀夫賞、芥川賞の候補となり、野間文芸新人賞受賞。

津田のポイント

# 2 原発とエネルギー

原発に対する政党のスタンスはおおまかに分けて「すぐやめる」「将来やめる」「使い続ける」の3つに分けられます。

「すぐやめる」派は、共産党、社民党、生活の党、新党改革です。最大の理由は「事故の危険性」です。現実に、2011年に福島第一原発が大事故を起こし、今でも10万人の人々が避難生活を続けています。その悲劇を繰り返さないためにも、今すぐやめるべきという主張です。

「将来やめる」派は、民進党、公明党、おおさか維新の会です。今後の技術開発によって太陽光発電や風力発電などの安全でクリーンな再生可能エネルギーのコストが安くなって十分に普及が進むまでは原発を使い、寿命が切れた原発は廃炉にしていくという考え方です。

「使い続ける」派は自民党です。「コスト」「地球温暖化対策」「エネルギー安全保障」の3つを理由として挙げています。原発の燃料となるウランは、火力発電で使う石油や天然ガス、石炭と比べて安く、運転費用を抑えられます（ただし、これには異論もあります）。原発は二酸化炭素を出さないので地球温暖化対策になるというメリットがありますが、これは再生可能エネルギーも同じです。エネルギー安全保障とは「国民生活、経済・社会活動、国防等に必要な量のエネルギーを受容可能な価格で確保する」ということ。日本はエネルギー資源に乏しく、石油やガスを輸入に頼っているため、多様なエネルギー源を確保する意味で原発が必要という考え方ですね。つまり、再生可能エネルギーのコストさえ安くなれば原発は必要ないのですが、まだまだコストが高く、普及には時間がかかるため、一定の割合で原発は使い続けようという考え方です。

原発を続けるにせよやめるにせよ、使用済み核燃料などの「核のゴミ」をどこに、どう捨てるかという問題を解決する必要もあります。田坂広志さんが指摘するように、原発の賛否を考える場合、この問題も同時に考える必要があります。

あなたの原発に対する考え方は、次の2つの質問に答えることでわかります。

Q1．今、日本にある原発を再稼働してもよいか？

Q2．日本に新しく原発を建ててもよいか？

再稼働反対派は「すぐやめる」派です。再稼働はOKだけど、新しく原発を建てるのはダメという人は「将来やめる」派です。再稼働も新しく原発を建てるのもよいという人は「使い続ける」派です。原発に対するスタンスの違いを意識して、投票先を選びましょう。

のエネルギー

Photo by Takashi Morizumi

# 原発問題を深く考えるための「七つの問い」

はじめて投票するあなたに、我が国の原発問題について、一度、深く考えてみて頂きたいことがあります。それを、これから「七つの問い」として語りましょう。

**第一の問い　原発の「安全性」とは何か？**

二〇一一年の福島第一原発事故を経験して、国民の誰もが「原発は安全か？」という疑問を抱いています。これに対して、原子力規制委員会は、「世界で最も厳しい安全基準」を標榜《ひょうぼう》し、電力会社に対して、原発の立地条件や施設の技術要件について厳しい基準を満たすことを求めています。こうした規制委員会の姿勢については、多くの国民が当然と考えていますが、ここで改めて考えるべきは、そもそも「原発の安全性」とは何かということです。政府や電力会社を始め、多くの人々は、「原発の安全性」とは、活断層が無い安定した地盤や、地震や津波でも大丈夫な堅牢《けんろう》な施設といった「技術的安全性」

田坂広志
（多摩大学大学院教授）

のことだと考えていますが、実は、「原発の安全性」を確保するためには、この「技術的安全性」に加えて「人的・組織的・制度的・文化的安全性」と呼ぶものが求められるのです。なぜなら、世界の過去の原発事故は、その大半が、「ヒューマン・エラー」、すなわち、人的ミスで起こっているからです。例えば、一九九九年に茨城県東海村で起こった核燃料加工施設の臨界事故は、安全マニュアルを無視した作業員のミスから起こったことであり、作業員の安全教育が適切になされていたのかという組織文化的な問題でもあります。また、福島原発事故以前の我が国の原子力行政は、原子力安全・保安院という規制組織が、経済産業省という推進組織の下にあったという制度的問題がありました。さらに、福島原発事故の原因は、非常用発電機を津波にも安全な山側ではなく、海側に設置したことですが、その背景には電力会社のコスト優先の社内文化があります。

すなわち、「原発の安全性」を考えるとき、単に「技術的な安全基準が世界で最も厳しい基準になったか？」という視点だけでなく、福島原発事故以降、我が国の原子力行政と原子力産業が、「人的・組織的・制度的・文化的安全性」という意味で、「どれほど、徹底的な改革がなされたか？」という視点から見ることが、極めて重要です。

## 第二の問い　原発は「安全」であれば良いのか？

では、こうした「人的・組織的・制度的・文化的安全性」も含めて、原発の「安全」が確保・確認されたとして、はたしてそれで、多くの国民は、「安心」できるでしょうか？政府や電力会社や専門家は、「安全が確保・確認されたのだから、安心して欲しい」と考える傾向がありますが、問題は、それほど簡単ではありません。なぜなら、この「安全」ということが「安心」に結びつくためには、実は、「信頼」ということが不可欠だからです。すなわち、政府や電力会社や専門家が、どれほど「安全です」「安心してくださ い」と言っても、そもそも、それを語っている政府や電力会社や専門家が、国民から「信頼」されていなければ、その言葉が意味を持たないからです。

改めて言うまでもなく、福島原発事故は、我が国の原子力行政と原子力産業、そして、原子力の専門家に対する国民からの「信頼」を根本的に損《そこ》ねてしまった出来事でもあります。その事実を直視するならば、現在も多くの国民が、原発再稼働《さいかどう》に対して「安心」できないという状況に対して、政府や電力会社や専門家は、「原発反対派が不安を煽《あお》り立てている」という捉《とら》え方をする前に、福島原発事故から五年以上を経て、現在の原子力行政と原子力産業は、国民からの「信頼」を回復しているか、そのための努力を尽くしているかを、真摯に見つめる必要があるでしょう。

## 第三の問い　原発の立地における「地元」とは、どこか？

政府は、現在の法律に基づき、「原子力規制委員会によって安全が確認され、地元が同意した原発は、再稼働をしていく」と述べていますが、ここで問題となるのは、「そもそも『地元』とは、どこまでを『地元』と呼ぶのか？」ということです。福島原発事故が、原発の立地自治体だけでなく、福島県全域はもとより、東日本全体に汚染を広げたことを考えるならば、あの事故以降、「地元」とは、立地自治体だけでなく、周辺の都道府県を含めた極めて広域になったことを理解すべきでしょう。そして、この広域の自治体に対しては、従来の「地元への交付金と利益誘導」という政策では限界があることを知り、その広域の自治体と住民の「同意」をどのように得ていくのかを、新たな政策課題として検討するべきでしょう。

## 第四の問い　原発の「安全性」が確保できれば、稼働できるのか？

では、こうして、原発の「技術的安全性」と「人的・組織的・制度的・文化的安全性」が確保・確認され、広域の自治体と住民の同意が得られれば、原発は稼働できるのでしょうか？　実は、まだ、大きな問題が、待ち受けています。

それは、「放射性廃棄物」の問題です。特に、原発から出てくる「使用済み核燃料」や、その核燃料を再処理すると発生する「高レベル放射性廃棄物」を、どのように安全に最終処分するかは、現在も、原発保有国が共通に抱えている問題です。この最終処分の方法として、地下深くの安定した岩盤中に埋設《まいせつ》する「地層処分」という方法が検討されていますが、まだ、多くの国が、処分場候補地の住民の反対などで、壁に突き当たっています。この最終処分の問題に現実的な解決策を示さないかぎり、原発は、多くの国民から「トイレ無きマンション」という批判を受け続けるでしょう。

## 第五の問い　「脱原発」を宣言すれば、原発を止められるのか？

こう述べてくると、「では、すべての原発を止めて、脱原発に向かえば良いではないか」と考える人もいるでしょうが、問題は、それほど簡単ではありません。

もし、明日、政府が「脱原発」を宣言しても、我が国において、すでに一万七千トンも発生している使用済み核燃料を、どう最終処分するかという難問は、依然《いぜん》として、目の前に立ちはだかります。実際、多くの原発保有国においては、「NIMBY」（Not in My Backyard：我が家の裏庭には捨てるな）と呼ばれる社会心理が大きな壁となって、放射性廃棄物の最終処分ができないという状況が、何十年も続いています。我が国においても、福島原発事故の結果発生した指定廃棄物のような比較的軽微な汚染のものでさえ、その貯蔵施設の受け入れを拒否する自治体や住民の意識があります。これは、たとえ「脱原発」を掲げた政権であっても、容易に解決できない問題です。

また、明日、政府が「脱原発」を宣言し、核燃料サイクル政策を放棄し、高速増殖炉計画を中止しても、国際的に「高速増殖炉で燃料として燃やす」と約束してきたプルトニウムを、核兵器への転用疑惑を持たれずに、どう処分していくのかという問題に直面します。さらに、全国の原発サイトの使用済み核燃料貯蔵プールがほぼ満杯になっている現状においては、再処理計画を中止した瞬間に、青森県の再処理施設に貯蔵している使用済み核燃料をどこに持っていくのかという問題が待ち受けています。脱原発政権は、これらの問題に現実的な解決策を示さなければなりません。我が国の核燃料サイクル政策は、「脱原発」を宣言しただけで転換できるほど簡単な問題ではないのです。

## 第六の問い　日本が「脱原発」をすれば、原発のリスクから逃れられるのか？

仮に、こうした様々な問題を解決して、我が国が「脱原発」を進めたとして、実は、それだけで「原発リスク」は無くなりません。もし隣の韓国の原発が事故を起こせば、九州電力の玄海原発が事故を起こしたのと同等の被害を受けることになります。また、もし中国の原発が事故を起こせば、中国から風に乗って黄砂が飛んでくる日本もまた、被害を受けることになります。こうした国際的な「原発リスク」にどう対処するかも、我が国にとっての大きな課題です。この課題に対しては、福島原発事故の経験に深く学び、原発のリスクを徹底的に低減させていく最高度の技術を開発し、その技術を海外に提供する「原子力環境安全産業」を我が国に育成することも、一つの方策でしょう。

**第七の問い　「再生可能エネルギー」の普及は、政府に任せられるのか？**

最後に、「脱原発」を実現するためには、代替《だいたい》エネルギーとして「再生可能エネルギー」を普及していく必要があります。しかし、もし我が国が、原発への依存を絶ち、再生可能エネルギーに活路を見出すのであれば、我々国民は、当面の電力料金の増大を許容できるかという問題とともに、国民一人ひとりが、地域や家庭における太陽光発電や風力発電の導入など、自ら再生可能エネルギーの普及に取り組めるかが問われます。

「脱原発」の政策を進めるということは、単なる政策的選択の問題ではなく、政府と電力会社任せの「中央集権型エネルギー社会」を、国民一人ひとりが主体的に参加する「地方分権型エネルギー社会」へと転換していく歴史的挑戦でもあるのです。

**田坂広志（たさか・ひろし）**　1981年東京大学大学院修了。工学博士（原子力工学）。87年米国シンクタンク研究員を経て、90年日本総合研究所の設立に参画。00年より現職。同年シンクタンク・ソフィアバンクを設立。11年福島原発事故に際して内閣官房参与に就任。著書は『官邸から見た原発事故の真実』（光文社新書）『田坂教授、教えてください。これから原発は、どうなるのですか』（東洋経済新報社）など、80冊余。

# 何かを変えたければまず自分が変わること

この4月、九州地方でとても大きな地震の被害が出ました。18歳のあなたはこのニュースをどんな思いで見たのでしょうか？　私はそのことにとても関心があります。それは私自身が、非常に複雑な思いでこのニュースを見ていたからです。新聞もテレビも現地がいかに大変かを取材し、もっと支援の手を迅速《じんそく》に幅広くと訴えました。ネットの世界でもたくさんの人が募金を呼びかけたり、現地の対応や報道の不備を告発したりしています。首相も「全ての被災者の皆さんが安心して暮らせるその日がやってくるまで、できることはすべてやる」と言いました。多くの人が「何とかしなければ」と考え、発言しているのです。

それは素晴らしいことに違いありません。なのに私はそのことにどうしても居

稲垣えみ子
（元新聞記者、アフロ＆超節電生活）

心地の悪さを感じるのです。それは果たして私だけなのか。私がおかしいのか。それが知りたいのです。

この地震で注目されたのが「エコノミークラス症候群」です。余震に怯《おび》えて車で寝泊まりするうちに亡くなる人が相次ぎ、助かった命がこんなふうに奪われていくことに多くの人がショックを受けました。避難の長期化を心配し、いったんは遠くの町へ行って休むことが必要ではという提言も数多くなされました。しかし私はこうした熱い思いに接するほどに、苦い気持ちが湧き上がってくるのを抑えることができないのです。

福島はどうだったのか？　いや過去形ではありません。福島はどうなんだ？

原発事故に襲われた福島では、津波で流されてもなんとか生き延びて助けを待っていた人たちが救助されることなく亡くなりました。危険な現場に誰も近づけなかったからです。そして多くのお年寄りが避難の混乱の中で次々と亡くなりました。今も約10万人が避難生活を続けています。自殺者も後を絶ちません。

悲劇は今も続いているのです。しかしその終わらぬ悲劇を前に、いったいどれだけの人が、このたび九州で起きた悲劇と同じ熱意を持って「なんとかしなければ」と考え、呼びかけ、心から腹を立てているのでしょうか？　福島の事故が苦しいのは、天災ではなく人災だということです。誰の責任でもないと言うことができたなら被害者はどれだけ救われることでしょう。しかし現実は違います。責任は誰にあるのでしょう？　政府？　電力会社？　それとも……。

もちろんこれは天にツバする発言です。私も時が経つにつれ、あの事故について考え、被災地の今を知り、行動することをどこまでしているのかといえば、ひどいものです。心のどこかで諦《あきら》め、何もかもサボっている一人なのです。そんな自分に、果たして九州で起きた悲劇に心を寄せ、なんとかしろと声を上げる資格があるのだろうかと、逃げ出したくなるような思いなのです。

私たちはなぜ、福島で起きたことにこれほどまでに冷たい態度を取っているのか？　私は今、それを懸命に考えています。そして皆さんにも考えて欲しいのです。

忘れられない出来事があります。

ジャーナリスト志望の大学生と話をしていて、話が原発事故のことへと及んだ。彼はふとこんなことを言いました。「被害者って言っても、なんかたくさんお金をもらってるって聞くと、なんだかなーと思うんですよね」

なんだかなー？　つまりは同情したくともできないということでしょうか。お金をもらっているから？　すなわち「美味《おい》しい思い」をしているから？

確かに原発事故の被害者には継続的にお金が支払われています。ブラック企業や非正規雇用システムが跋扈《ばっこ》し、人を使い捨てにするのが当たり前になった社会を生き抜かねばならぬ若い人にとって、その賠償《ばいしょう》は恵まれたことに見えるのかもしれない。そんな人がなぜ被害者と言えるのか、と叫び出したいような気持ちになるのかもしれない。

しかしお金とは本当に「美味《おい》しい」ものなのでしょうか。

現実に被災地で起きていることは単純ではありません。賠償金をもらえる人ともらえない人の線引きは人々を分断し、被害者であることを隠して暮らす人も少なくないのです。被害者を救うためのお金そのものが、土地も過去も生きがいも失った人が前を向いて生きて行くために欠かせぬ「支え合い」を残酷に奪い続けているのです。しかし今の社会で、加害者が被害者にできることは現実にお金を払うことしかない。

きっとお金とは、私たちが考えているほど万能でも救いの神でもないのです。原発事故が私たちに問うているのは、単に原発に賛成か反対かという以上のものである気がしています。それは私たちの生き方そのものなのではないでしょうか。私たちは幸せになるためには何をすればいいのでしょうか。他人の犠牲の上に自分の幸せは成り立つものなのでしょうか。お金とは神様なのでしょうか。

そして、あなたは今の世の中がこのままで本当にいいと思っているのでしょうか。選挙に行けば何かが変わるというのも違う気がしています。何かを変えたければまず自分が変わることです。その覚悟を持って初めて、だれに投票するべきかが見えてくるのではないでしょうか。

これは今、私が自分に言い聞かせていることでもあります。18歳のあなたに説教をしている場合ではないのです。

**稲垣えみ子（いながき・えみこ）**　１９６５年、愛知県生まれ。87年、朝日新聞社に入社。大阪社会部、論説委員などを経て、担当したコラムでつづった原発事故を機に始めた超節電生活と、アフロヘアで話題に。２０１６年1月に早期退職し、定職に就かず楽しく閉じていく人生を模索中。６月に『魂の退社　会社を辞めるということ。』『アフロ記者が記者として書いてきたこと。退職したからこそ書けたこと。』を相次いで刊行。

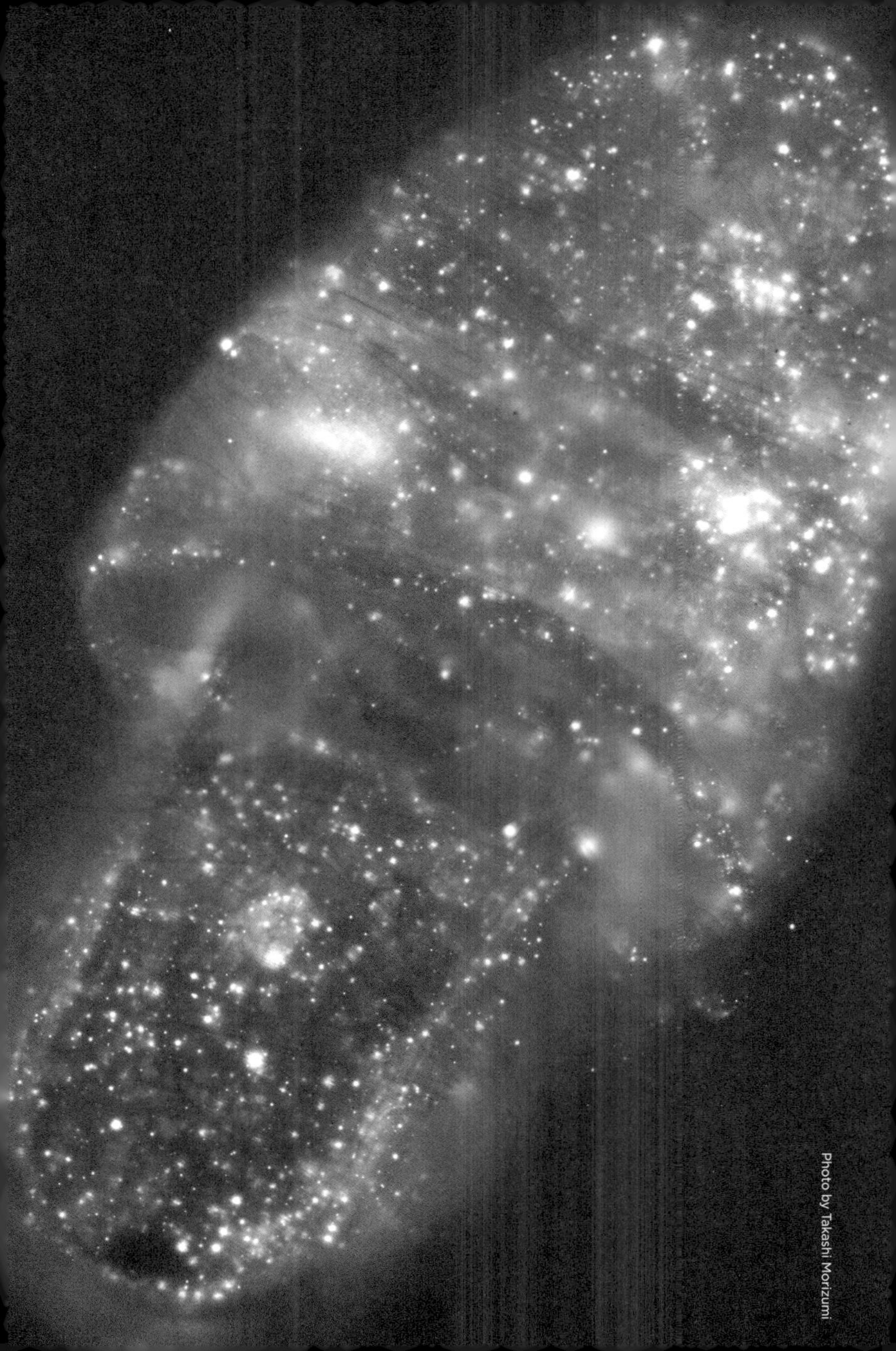

Photo by Takashi Morizumi

# 3・11の事故前から原発に未来はないと思ってましたね

東京電力の社員として、福島第一原発には6年くらいいました。その半分は3・4号機の保守をやってたんです。保守の対象は「計装」（計測制御装置）と呼ばれる事故で話題になった水位計とか圧力計とか、本体にくっついてる計器類です。そういうもののメインテナンスをやっていて、あとの半分は発電所全体の技術的窓口のようなことをやっていました。現場では、最初の3年くらいですでに100ミリシーベルトくらい被曝《ひばく》しました。その頃は被曝してなんぼという、変な雰囲気ありましたからね。

例の3・11事故の1年半くらいに前に東電を辞めたんですけど、東電にいた頃から、原発に未来はないなって思ってましたね。原発で燃料を使ったあとの工程

蓮池 透
（元原発技術者）

を「バックエンド」って呼ぶんです。再処理工場とか、その再処理工場から出てくる核のゴミのこととか。そういう研究をしていて感じたのは、とにかく最終処分をする「場所」がない。「やりたいところ、手を挙げて！」って方式だったけど、事故前でも手が挙がらなかった。一回だけ、高知の東洋町ってとこの町長が、独断で手を挙げたんですよ。しかし、反対運動が起こって、町長がリコールされて、再選挙をやったけど落選。あとは、もうどこも手を挙げないし……。研究施設内で大の大人が何をやっているかというと、5万年先とか、10万年先とかいう話をしている。議論しているわけですよ。それで嫌になってきちゃったんですよ。何万年後って、自分なんか生きてないし、日本だってあるのだろうか。そもそも地球はあるのだろうか……と。

青森の六ヶ所村しかないなぁという人間もいたけど、あそこはあくまで中間貯蔵施設であって、最終処分場は別に造るって念書を交わしているんですよ、県と政府が。北海道の幌延町《ほろのべちょう》ってところに、地下水脈や岩盤の強度を調べるための試験トンネルを造ったんですけど、ここにも放射性物質は一切持ち込まない約束があって。「いつか必ず！」って、国や電力会社はもう何千億円使ったかわからないですね。でも、いくら金出したって、できないですよ。核のゴミって、触れたら数十分で死んじゃうくらいの放射能があります。今、福島でためているフレコンバッグに入ってるゴミとは段違いの、ものすごい放射能なのです。ゴミを棄《す》てるところがない。ゴミを棄てるところがないってことは、再処理もできない。再処理できないってことは、使った燃料をためておくしかない。でもどんどん発電していくと、使用済み燃料が出てきて、いずれ置き場所がなくなる。使用済み燃料の置き場がなくなるってことは、使った燃料を原子炉から出せないってことですよね。つまり新しい燃料を入れられないってこと。新しい燃料を入れられないってことは、運転できないってこと。だから原発は自然にフェードアウトするんです。事故前からそういう発想がありました。

3・11のときは鎌倉にいましたが、テレビの津波情報で福島の海岸線が真っ赤になっているのを見たとき、これはやばいなと思いました。かつて我々も、津波なんて来るわけないという前提でしたから。津波が来ても、むしろ引き潮で冷却用の海水がなくなったらどうしようというくらいで、まさか水を被《かぶ》って、それで全電源喪失なんて考えてもみなかった。

それにしても原子力発電って、そもそも自民党政権が国策で始めたわけだから、国が責任を問われるのは、嫌なんですよ。今回の事故があったからといって、もし止めちゃうと「ほらみろ！国策失敗だった！」ってことになる。だからこれは民主党政権が作ったものですけど「原子力規制委員会」なるものを持ち出して、それを錦《にしき》の御旗《みはた》にして「世界で最高水準の基準に通ったからOK」っていう論理で再稼働を始めている。ま、自民党は原発やりたいんでしょう。そしてそこに群がる「原子力村」って呼ばれる、原発利権を持つ人たちも原発をやりたい。あと、地元の人たちも「地元の振興」という名目で入ってきた原発を止めたら、地域が寂《さび》れるとか、収入源や働く場がなくなるとか、いろいろあるでしょうね。誰かが「これは麻薬だ」って言っていましたけど、まさにその通りで、原発で一度美味《おい》しい目をみると、もう止められないんですよ。

しかし、さすがに新設は難しいとなったら、今度は古い原発の使用を延長しようとしていますが、これ、本当にまずいですよ。高浜1・2号機なんて、熊本の地震のどさくさに紛れて運転延長が認められましたけど、民主党政権が定めた「40年を超えての使用」というのは、あくまで喫緊《きっきん》の例外措置《そち》ですから。それをさも、どこにでも適用できるってね、そんなふうに審査している感じでね。なぜ40年と定めたかというと、金属でできている原子炉圧力容器は、稼働中、中性子を浴び続けているわけですが、そうするとだんだん脆《もろ》くなるんですよ。専門用語では「中性子照射脆化《ぜいか》」って言います。そのデータに基づいて、民主党政権が耐用年数を40年と定めたわけです。それを超えた原発が、どんどん運転を始めたら非常に危険ですから。

だいたい日本は、かつて太陽光パネルで先陣を切っていたんです。サンシャイン計画とかムーンシャイン計画とか、多少は予算もついていたんですけど、ほとんど形骸化《けいがいか》しちゃって。使える火力発電も放っておいて「原発だね」ってことになってしまったわけで。とにかく大震災を経て原発ゼロでもなんとか乗り切れたわけだから、もうそちらに舵《かじ》を切るのはやめたほうがいい。

原発とは離れるけど、今、18、19歳のみんなに言いたいのは、もっと怒れ！アグレッシブになれ！ということですかね。今の若者はLINEとかFacebookとか、そういうツールを使いこなすことには非常にたけている。その発信を自分たちのちっちゃいSNSの範囲にとどめるんじゃなくて、社会の問題を自分たちの問題と捉《とら》えて、じゃ、それをなんとかしようぜ！って、まずは仲間から動きだして、それをどんどん大きな輪にしていくって考え方を持ってほしいなって思うんだよね。そうすりゃあ、世の中変わるかもよ。（談）

**蓮池　透（はすいけ・とおる）**　１９５５年、新潟県生まれ。77年、東京電力入社。朝鮮民主主義人民共和国（北朝鮮）に拉致（らち）された実弟・蓮池薫氏の奪還に向けて長年尽力し、２００２年の帰国を実現。09年には東京電力退社。拉致問題の解決へ向けて取り組むとともに、福島第一原発事故を当事者目線で分析し、今後の原子力発電の在り方について考察・提言する。著書は『拉致被害者たちを見殺しにした安倍晋三と冷血な面々』ほか多数。

# この本に書いてあることも信用するな

なんで僕なんですか？　僕に喋《しゃべ》らせたいことって何ですか？　単に今の政権に反対したいってことなら、僕、そういうこと言いませんよ。僕には、今の自民党政権が悪くて、それを反対する側のほうが善いのか？って、そういう思いはあんまりないんですよ。どっちに投票したって、人間の複雑な気持ちっていうのは反映されないじゃないですか。白か黒か以外は何も反映されない。それが民主主義の限界っていうか……少数意見を尊重するとか言いながら、でも結局は勝ったか負けたかだけで、事は進んでしまうんですよ。

震災のあった２０１１年に僕らが「プロジェクトFUKUSHIMA!」を立ち上げ

遠藤ミチロウ
（ミュージシャン）

て、8月15日に福島でフェスをやったときに、「反原発」の中の結構コアな人たちから「それは殺人行為だぞ！」みたいに非難されたんですよ。「なんで放射能に汚染されているところに人を呼ぶんだ！」って。福島に住んでもいない人間にガーッと言われて。現地には実際に避難できない人たちが、いっぱいいるわけじゃないですか。その人たちが、なぜそれでも福島にいなきゃならないのか？っていう、その事情とか、全然無視して「原発は良くない」って、「放射能が危険だ」って。福島に住んでいること自体が犯罪みたいに言われたら、住んでいる人間にとってすごく酷《こく》なことですよ。

僕だって原発は要らないと思いますよ。でも福島の現状に対してどうなんだ？って聞かれたら、簡単に言えないですよ。僕の場合、実家が原発から遠くないところにあって、誰も避難はしてないけど、すごく不安な状況で毎日暮らしているんです。実際はどのくらいやばいのか？どのくらい大丈夫なのか？にしたって、誰を信用したらよいかも、わからない状況だと思うんですよ。そして、その状況につけこむように、事は進んでいくじゃないですか？　補償問題で差ができて、そんで人間関係に溝ができて……これって、昔からやられてきた問題じゃないですか。例えば、秀吉から家康に変わるとき、浄土真宗を東と西に分けて、反目し合うように分断してと……それは支配する側の常套《じょうとう》手段なんですよ。政治ってそういうもんじゃないですか。

3・11のときに浮き上がってきたのは、福島だけの問題じゃないんですよ。沖縄の基地で浮かび上がってきた問題も、九州の地震で浮かび上がってきた問題も、並べてみたら皆、同じなんですよ、根本は。今までもや〜としていたものが、あからさまに出てきた。全部、一人一人に突きつけられた問題じゃないですか？つまり、政府とか政治とかは、誰のためにあるのか？　そして、住んでいる人間とか、そのために何をすればいいのか？っていうことじゃないですか？それに対して、全員が自分の問題として取り組まなかったら、「処理」できないですよね。

自分もそうだったんですけど、18歳くらいは一番敏感にいろんなことを考える時期だったんですよ。そのとき、いろんなものの影響を受けながら、「自分って何なんだよ?」「世の中って何なんだよ?」って、感覚的、直感的に捉《とら》えていた。だから、その後生きていくときの、自分の価値観にすごい影響を及ぼすっていうか……その後は、感覚ではなく思考しながら判断していくわけで。その時期に、僕は投票権なかったですけど。これ、義務じゃあなくて権利ですよね、その権利をどう使うか……投票行こうか? 行ったとして、どこに入れようか?というのは、やっぱり自分で判断するしかないかと。僕、はじめに「投票なんて信用しない」って言ったけど、そこも自分の感覚で考えてほしいなって。知識人とかあんまり信用しないで。つまりは、この本に書いてあることも信用するなってことですよ。（談）

**遠藤ミチロウ（えんどう・みちろう）**　1950年、福島県生まれ。ミュージシャン。伝説のパンクバンド「ザ・スターリン」の中心人物として82年にアルバム『STOP JAP』にてメジャーデビュー。その強烈な存在感とカリスマ性で圧倒的な支持を集める。85年、バンド解散後は、ソロアーティストとして毎年全国150か所以上を回る。3・11以降の福島に対する復興支援として「プロジェクトFUKUSHIMA!」を発足させる。

しゃへい
しゃへい
しゃへい
しゃへい
しゃへい
しゃへい
しゃへい
しゃへい
しゃへい
しゃへい

しゃへい
しゃへい
しゃへい
しゃへい
しゃへい
しゃへい
しゃへい
しゃへい
しゃへい
しゃへい
しゃへい
しゃへい
しゃへい

津田のポイント

# 3 沖縄と基地

沖縄はこれまで主に地理的な要因から、常に本土――「沖縄以外の日本」の犠牲になってきた歴史があります。独立国だった琉球《りゅうきゅう》王国が薩摩《さつま》の侵攻・琉球処分によって日本に併合されたことを皮切りに、太平洋戦争では日本の「捨て石」にされ、凄惨な地上戦を経験し、戦後は27年間にわたって日本から分離され、米軍の直接統治下に置かれました。沖縄を占領地とした米軍は、土地を無償で強制収用し、自由に使える基地を拡大していきました。こうして沖縄は、米国の東アジア安全保障戦略の要《かなめ》として位置づけられるようになったのです。1972年の本土復帰後も、基地はそのまま残され、日本政府もそれを後押ししました。現在日本にある米軍基地の7割以上が沖縄に集中しているのは、そうした歴史的背景があります。

基地の存在は産業の乏しい沖縄の経済を支えてきました。その一方、基地周辺では米軍機による騒音や米兵の犯罪などの問題が多発しており、多くの沖縄県民がその負担を本土から長期間押しつけられていることに不満を持っています。

日米同盟と東アジアの安全保障が重要であるなら、すでにたくさんの基地がある沖縄ではなく、県外やグアムなどにつくるべきという考え方もあります。こうした県民の不公平感が辺野《への》古《こ》移設問題の背景にあるのです。

現在の沖縄が抱える問題は多数存在し、それらが複雑に絡み合っています。普天間《ふてんま》飛行場をどこに移設すべきか（辺野古か、辺野古以外の県内か、県外か）。基地負担を今後どう軽減していけばいいのか。基地負担を軽減した場合、対中国を見据えた安全保障に支障は出ないのか。そもそも日本に駐留する米軍の法的な地位を定める「日米地位協定」の見直しは本当にできるのか。日本の都道府県のなかで群を抜いて低い県民所得を上げ、県内所得格差を埋めることはできるのか。

1995年に起きた沖縄米兵少女暴行事件は沖縄県民の反基地機運を高め、その声が翌1996年の普天間返還合意につながりました。2016年に起きた元海兵隊員で軍属男性による20歳女性暴行殺人事件は、1995年以来の大きな怒りを県民に巻き起こしています。辺野古移設問題に与える政治的影響も大きなものになるでしょう。沖縄が抱《かか》えている問題を知ること――それは、本土の人間がこれまでいかに沖縄を差別してきたのか知ることでもあります。決して目をそらさず、まずは歴史を学び、この難問を解くために動いている政治家や政党を探すようにしましょう。

Photo by Takashi Morizumi

# 絶対負けられない選挙、勝っても無視される選挙

目取真俊
（小説家）

## 目の前に基地があった学生時代

1979年、琉球《りゅうきゅう》大学に入りました。沖縄もそうですけど、当時すでに学生運動は衰退していて、しらけ世代って言われた世代です。ごく一部の人たちがやっている状況だったんです。ただ、沖縄では目の前に基地がありますから、演習すると事故が起こるわけですよ。そういったニュースを新聞とかで見て、これはおかしいなと思うわけです。大学の帰りに与儀《よぎ》公園というところを通ったら、たまたま4・28の集会とデモをやっていて、初めて参加しました。そうなると、実際に行動して政治を変えるほうに意識がいく。だから若い頃、投票には行かなかったですね。選挙に期待は持っていなかった。既成の政党に一票を投じても世の

中変わらんから、自分たちで行動して政治を変えたほうがいいっていう発想があったんですよ。

現在、名護《なご》市に住んでいますが、辺野古《へのこ》の新基地問題が浮上してきてから、名護市民、沖縄県民は選挙のたびに、基地を誘致するか、反対するか？ということが突きつけられるわけです。名護市では1997年に、普天間《ふてんま》飛行場の返還に伴い、海上基地を名護市・辺野古沖に建設することの是非《ぜひ》を問う市民投票を行っています。その時は反対が勝ったわけです。普通ならそこで決着がつくはずなのに、当時の比嘉《ひが》鉄也という市長が裏切って、結果を覆《くつがえ》して受け入れ表明をした。市長は辞任しましたけど、その後に行われた市長選挙では、基地受け入れ推進派というか、容認派が勝ったわけですよ。

市民投票が基地問題に絞って争うのに比べ、市長選挙ではいろいろな要素が複雑に絡まって、さまざまな選挙戦術も飛び交います。当選した岸本建夫という人は、もともと革新系の人だったから勘違いというか幻想を持った人もいた。とにかく選挙のたびに、名護市民は踏み絵を踏まされるわけですよ。前々回の選挙で、新基地反対で一致して保守の一部と革新が推した稲嶺《いなみね》進市長が生まれた。それが沖縄全体に広がって「オール沖縄」と呼ばれる流れになったんですね。こうなってくると、選挙の重要性を如実《にょじつ》に感じるようになるわけです。

前回2014年1月の名護市長選挙で、稲嶺さんは4000票余りの大差をつけて再選をはたした。6月の名護市議会選挙でも新基地反対派が勝ちました。11月の県知事選挙でも辺野古新基地反対を公約に掲げた翁長雄志《おながたけし》さんが圧勝した。さらに12月の衆議院選挙でも、沖縄の全小選挙区で自民党は負けたわけですよ。4回にもわたる選挙結果で明確に「辺野古の新基地はNO」という県民の意思が示されている。それでも国は無視して工事を強行する。勝たなければいけない、重要な選挙。そう思って必死で頑張る。しかし、その結果が無視されたらですね、選挙に何の意味があるのかってことになる。これではもう民主主義じゃないわけですよ。沖縄に対しては、それがまかり通っているのが日本っていう国なんですよ。

## 日本における例外的な島

選挙で新基地反対の結果を示しても無視されるなら、直接的な行動で勝つしかないってことになるわけですよ。実際の行動で止めるしかない。だからみんな、ゲート前に座り込んだり、海に出てカヌーで抗議して、一生懸命、基地建設を止めようとしているわけです。

安保・防衛問題に関して沖縄は最前線にあるので、首都圏とはリアリティーが違います。今や米軍基地だけでなく、中国の脅威に対抗するという名目で、宮古島、石垣島、与那国島《よなぐにじま》に自衛隊が配備されようとしています。ここで少しでも武力衝突が起これば、直接生活に影響しますし、そこまで至らなくても、緊張感が高まるだけで観光客が激減し、経済的ダメージを受けるのは必至。つまり沖縄では、すぐに我が身に跳ね返ってくるんですね。

だから、そういう危機が生じないように政治が行われてほしいんだけど、国会に沖縄選出の議員は10名くらいしかいない。沖縄の全選挙区で自民党が負けたといっても、全国的には自民党が圧勝している。沖縄とヤマトゥ※の落差があまりにも大きいわけです。前回の衆院選挙で、沖縄では4小選挙区で社民党、生活の党、共産党、無所属が当選したわけです。こんな選挙区は沖縄以外にはありませんよ。日本の中で例外的な島になっている。

※沖縄方言で「日本本土」を指す。

でも沖縄だけがどんなに頑張っても、日本全体が大きく右旋回していけば、そこにのみ込まれていくわけです。沖縄が発展するために、あるいは我が身を守るためには、どうすればいいのか？　今後も日本という国の中に残ることが、沖縄にとって幸せなのか？という疑問がわいてきます。だから独立論が出てくる。もちろん、すぐに独立は難しいけれど、この国の中でいつまでも犠牲を強要されて、最終的に軍事的な衝突に巻き込まれたら、再び71年前の沖縄になってしまいかねない。それが現状だと思いますよ。

## 辺野古に関する噂《うわさ》

辺野古の新基地建設に向けた作業が進んでいる大浦湾で、私はカヌーで抗議行動を続けています。よく「ゲート前に座り込んでいるのは、本土の人間ばかりで、地元の人間は積極的に参加してない」だの「大半は組織から金をもらっているアルバイトだ」という噂がまことしやかに流れてきますけど、実際に現地に来て見てください。私みたいに自由業だったり、年金生活をしてたり、そういう人間以外は平日の昼間に普通来られないですよ。沖縄県民には日々の生活があるわけです。それに沖縄県の人口は約１４０万人、日本の人口の百分の一ですよ。本土から１００人が毎日１人ずつ参加したら、沖縄の人間は１人が１００日参加しないと同じにならないんです。お金に関してもそう、海上行動の事務局スタッフとして３人がヘリ基地反対協から月10万円を給料でもらってます。運動を続けるには最低限のスタッフは必要だけど、あとはみんなボランティアですよ。私だってウェットスーツもガソリン代も自腹。日当なんて一円ももらってません。

この20年間にわたる運動の中で、地元でもいろんな問題があったわけですよ。家族も親戚《しんせき》もいがみ合いになるとかですね、兄弟でも、お兄さんは反対、弟は賛成、旦那《だんな》さんは賛成だけど、奥さんは反対とかですね。普段はお互いの立場を認め合って喧嘩《けんか》もしないけど、辺野古の新基地建設をめぐって、家族や親戚・友人の間でいがみ合うこともあった。だからもう触れたがらない。ゲート前に行きたくても、隣近所から何を言われるかわからないから参加しない、という人は多いんです。

賛成派と言われる人たちも、心から賛成という人はほとんどいないですよ。自分たちは「推進派」じゃなくて「容認派」だというわけです。積極的に推進はしない。だけど、どうしようもない。戦後71年間、目の前に米軍基地があって、いくら自分が頑張っても撤去できない、という諦《あきら》めがある。それなら取るものを取ったほうがいい。仕方なく容認というのがほとんどです。ちなみに辺野古が騒がれますけど、沖縄の基地問題はそこだけじゃない。東村《ひがしそん》の高江《たかえ》ではヘリパッド反対の闘いがあり、嘉手納《かでな》基地や普天間基地のゲート前で闘っている人もいる。先島《さきしま》地域では自衛隊の配備反対の闘いがある。辺野古だけを見て、沖縄の基地問題を理解したような気になってほしくないですね。

## 辺野古の行方と日本の行方

今、辺野古では国と県の「和解」によって、工事が中断しています。これからの裁判で出た結論がどちらに有利であっても、相手方はのまないでしょう。裁判をやったら、今の司法の状況で沖縄県に有利な判決が出る可能性は低い。最高裁まで行けば、国のほうに有利な判決が出るのが常識になってしまっている。国は法的な後ろ盾《うしろだて》を得て、工事を強行する腹づもりです。ただ、工事が再開しても容易には進みません。翁長知事や稲嶺市長が持っている権限を最大限に使えば、工事は必ず行き詰まります。選挙が近づくたびに工事は中断されるでしょうし、結局は同じことがこれから先ずっと続くでしょうね。

今、アメリカ大統領選挙でトランプが共和党の候補になっていますが、彼がクリントンに負けるにしても、米国民のかなりの人が安保条約で日本に基地を置くなら、もっとお金払えと言っているわけです。戦後71年間、日本は軍事と外交は米国に依存すればやってこられたかもしれないが、そうではない時代が来てるってことですよ、目の前に。

私に言わせれば、尖閣諸島を守っているのは、海保であって米軍ではない。辺野古の新基地はゼネコンをもうけさせるために無駄銭をばらまいているだけです。選挙で投票に行くにしても、この辺のからくりを認識しなければ、せっかくの一票が無駄になってしまいます。そういったことをヤマトゥの若い人たちにも、よく考えてもらいたいです。（談）

**目取真 俊（めどるま・しゅん）**　1960年、沖縄県生まれ。小説家。琉球大学法文学部国文科卒。沖縄の自然と歴史、沖縄人としての生き方に心を寄せて作品を書き続ける。沖縄戦の記憶を背負って生きる庶民の姿を描いた『水滴』（芥川賞）、『魂込め（まぶいぐみ）』（木山捷平賞・川端康成文学賞）ほか著書多数。地元の沖縄タイムスや琉球新報をはじめ、新聞や雑誌にエッセー、評論などを発表している。

# 〝平成28年熊本地震〟と沖縄戦

過日、沖縄国際大学の新入学生に戦争体験を語る機会をいただいた。〝平成28年熊本地震〟と名付けられた大地震の様子が連日報道されている中で、テレビ映像は、地面や田畑が割れ野山が崩れ、破壊された建物などで49人の方が圧死などで亡くなったと報じていた。その惨状に心を痛め、早い終結を祈るしかなかった。当時の新聞は、沖縄県内にも活断層が89カ所もあり、昨年は震度1以上の地震が77回も起こったと伝えている。もし、沖縄に震度6～7の地震が起こったら……。なぜか私は、熊本地震を沖縄戦と重ねて見ていた。

学生たちへの講話は熊本地震から始めた。地震多発地の沖縄で大地震が起こったら…と持ち掛けた。ヒントとして新聞の不発弾報道記事のページを示したが、

中山きく
（元白梅学徒隊、語り部）

気づく学生はいなかった。当日の新聞にも不発弾記事があったが、普段も見ていないとのことだった。

私は過去に1年間不発弾記事を記録し、4日に1回不発弾報道があった驚きの結果を話した。さらに、戦後71年の今日も工事をすれば不発弾が見つかる沖縄。まだ2千トンも埋まっていて、処理には70年もかかると言われていることも話した。やっと、沖縄に大地震が起こったら……と、その惨状を学生たちが沖縄戦の不発弾と関連づけて気付いてくれた。

15年戦争の申し子だった私は、『お国のために』と沖縄戦の女子学徒隊に参加した。参加には家族の許可が必要であったが、家族の賛成は得られなかった。昭和19年10月の南西諸島大空襲（10・10空襲）で、人が殺され形あるものが破壊される戦争の姿を見せつけられたからである。

女子学徒への補助看護婦養成講座は、沖縄本島南部への艦砲射撃が始まったため僅《わず》か18日間で打ち切られ、白梅《しらうめ》学徒隊は山部隊の野戦病院に配置された。私は、負傷兵の手足の切断・開腹などを行う凄惨《せいさん》な手術場に配置された。夕刻になってから、梅雨に濡れ、化膿《かのう》した傷にウジ虫が湧いた状態で負傷兵が運ばれ、夜間に手術が行われた。女子学徒の役目は、汚物の処理と手術時の照明係（ろうそく持ち）であった。麻酔薬も十分になく、殆どの負傷兵がメスを入れた途端、「やめてくれ、切らないでくれ」と叫んだ。私たちも身を切られる思いだった。病室に入院した負傷兵も「傷が痛い！」「尿器！」「便器！」「水！」「飯を呉れ！」などと、怒号《どごう》が壕内《ごうない》に響き渡っていた。16歳の私たちが兵隊の下《しも》の世話をするのは辛《つら》いことだった。「あんな体験を後続の後輩たちには絶対にさせたくない」と心底思っている。

病院解散後、鉄の暴風と言われている地上戦を彷徨《ほうこう》し、奇跡的に生き延びた私は、50年間白梅学徒隊のことを語れなかった。戦没した白梅学徒仲間たちへの哀《あい》惜《せき》の念と、生き残った者としての複雑な心境であった。人生の節目ふしめで「彼女たちが生きていたら……」と心痛した。

語るきっかけは、家族の仕事の都合で広島・長崎に居住したことにある。原爆資料館を訪ね、被爆者たちと交流する中で、地上戦の沖縄の記録を残す決意をした。戦後50年目に『平和への道しるべ』を共著した。そして私は、〝伝えるために生かされている〟ことを自覚した。

人間は、地震のような自然災害は被害を少なくする手立てはできても、発生を止めることは不可能であるが、人災の戦争は、多くの国々との共通理解によって防ぐことが可能と信じている。

悲惨な戦争を体験した私が、若者たちに伝えたいこと。それは、【戦争は人類にとって最も忌むべき行為である。平和で安心・安全な暮らしを求めて、実現のために行動してほしい】ということです。

**中山きく（なかやま・きく）**　1928年、沖縄県生まれ。41年、県立第二高等女学校入学。45年、第24師団（通称・山部隊）の看護教育隊に入隊。補助看護婦として戦場に動員される。戦後、沖縄文教学校師範部を卒業し、教員として25年間勤務。95年から戦争体験の証言活動を開始。2006年より県立第二高女・白梅同窓会会長に就く。15年、沖縄タイムス賞社会活動賞受賞。今もなお第一線で語り続ける。

# それってどうなの？沖縄の基地の話

沖縄の米軍基地の話です。

国土面積のうちわずか0・6％の小さな島・沖縄に日本に存在する米軍基地の74％が集中しています。政府は基地集中の理由として、「地理的優位性」を強調します。中国、北朝鮮といった〝仮想敵〟から攻められた時、迅速《じんそく》に対応するためにちょうどいい位置に沖縄があるためだ、と説明しています。それってどうなんでしょう。

沖縄の米軍基地は7割が「海兵隊」です。この部隊は海軍の船に乗って活動します。船は長崎県の佐世保軍港にあります。船は長崎なのに、なぜ沖縄がいい位置なのだろう、と首をかしげます。消防署に例えると、消防隊員は沖縄にいるけれど、消防車は佐世保にあるので、火事が起きると消防車は長崎から沖縄へやってきて隊員や機材をピックアップしなければなりません。これって本当に「地理的優位」と言えるのでしょうか。船が長崎で

屋良朝博
（ジャーナリスト）

あれば、九州のどこかに海兵隊員を置いた方が合理的でしょう。

おそらく沖縄での基地集中の本当の理由は別にあるはずです。

実はアメリカは、部隊を日本本土へ移してもいい、と言っています。ウォルター・モンデール元米副大統領は「基地をどこに置くかは日本政府が決めることで、われわれは沖縄とは言っていない」と語っています（琉球新報インタビュー、2015年11月9日）。

沖縄には現在、1万8000人の海兵隊員が駐留していますが、このうち9000人をグアムやオーストラリア、ハワイへ分散させる予定です。沖縄の負担を減らそうと日米両政府が考え、2012年に合意しました。その時、1500人を山口県にある海兵隊の岩国航空基地へ移転しよう、と米政府は日本側へ提案しましたが、日本は拒否しました。

同じように2015年、沖縄の海兵隊普天間《ふてんま》航空基地に配備されている輸送機・オスプレイの飛行訓練を佐賀県の佐賀空港で行おうと日本政府は考えましたが、地元の反対が強く、断念しました。

日本を守るため米軍にいてほしい、と考える人は多いのですが、自分の街に米軍基地が来ることには反対します。そもそも海兵隊は岐阜県、山梨県、静岡県などに駐留していましたが、地域住民の反対運動などがあって、1950年代に沖縄へやってきた経緯があります。

歴史を振り返っても、現在の配備態勢をみても、沖縄に海兵隊が駐留する必要が「地理的優位性」というわけではないようです。軍事基地をどこに置くかは政治が決めることです。軍隊が基地の場所を決めたり、軍事費、兵士を増やせたりすると、それは民主国家ではなく、軍事国家です。だから沖縄へ基地を押しつけるのはすべて政治の意思なのです。

大切なのは、政治がちゃんと軍事をコントロールできているかどうかという問題です。政府は中国が攻めてくるという理由で憲法解釈を変えて安保関連法を制定し、そしていま、憲法そのものを変えようとしています。中国が怖いから米軍駐留が必要だ、と政府は説明しますが、米軍が日本のために中国軍と戦争をすることを前提とした議論は果たして現実的でしょうか。

米国と中国は世界第1位と2位の経済大国です。この2つの国が激突したとき世界経済は大混乱に陥《おちい》り、日本経済も壊滅的な打撃を受けるでしょう。このリスクを考えると、もはや大国間の戦争はあり得ない、と考えるの常識的です。

それでも日本の中には中国は尖閣《せんかく》諸島を狙っているから、米軍がいなくなると尖閣を奪われる、と考える人がたくさんいます。それってどうなんでしょう？

米国は日本が尖閣問題で騒ぐことを迷惑がっています。安倍晋三《しんぞう》氏が総理大臣に就任した時、米軍人向けに発行されている新聞「星条旗」は、「誰も住まない岩に旗を立てる争いに我々を巻き込むな」と書きました（２０１３年2月3日付）。

尖閣などの領有権問題を含め、国の安全を考える政策を「安全保障」と呼びます。英語でSecurityはラテン語のSe（without）とCura（care）。ケアすることがない、心配事がない状態という意味です。そのような状態をつくるために私たちは、近所に嫌な奴がいても争い事がないようにします。争いが起きると面倒だし、無傷ではいられないかもしれません。他方、軍事を強化すれば、相手は恐れおののいて攻めてこないという考え方もあります。軍事で対処することは「国防」と呼びます。だから「安全保障」と「国防」は重なる部分があるにせよ、けっしてイコールではありません。

中国が攻めてきて、尖閣が奪われるぞぉ、だから沖縄に米軍基地が必要だ、という考えが日本では広がってしまいました。でもそれは軍事主体の国防です。敵であっても共存できる環境をつくろうとする安全保障を忘れてはなりません。

沖縄の海兵隊は一年のほとんどを、佐世保の船に乗ってアジア太平洋地域を巡回し、いろんな国の軍隊と共同訓練します。近年は地震、津波、台風といった大規模な自然災害がアジアで頻発《ひんぱつ》しています。国境を越えた全人類的な課題に対し、軍隊同士が協力して救援活動する訓練を活発に行っています。そこに中国も軍隊を派遣し、国際協力のサークルに参加するようになりました。

中国は東シナ海、南シナ海で支配を広げようと軍事力を拡張し、アジアの国々は警戒を強めていることも事実です。それでも米国やアジア諸国は中国軍を招き入れて、人道支援、災害救援の分野で協力関係を強めようとしています。緊張を和《やわ》らげて争いを減らそうとする努力こそが安全保障なのです。

中国と戦うために米軍は沖縄に駐留している、という考えは現状を見誤っています。安倍首相は「安全保障環境が悪化した」と主張し、憲法改正に突き進もうとしていますが、果たしてそれが正しい進路なのでしょうか。

国際協調の安全保障か、軍事に頼る国防強化か。日本は大きな岐路《きろ》に立っています。政治を決める選挙がもうすぐです。

**屋良朝博（やら・ともひろ）**　1962年、沖縄県生まれ。国立フィリピン大学を卒業後、沖縄タイムス社に入社。主に沖縄の基地問題を担当し、論説委員、社会部長を歴任。2007年から1年間、ハワイ大学東西センターで客員研究員として米軍再編を取材。12年に退職後、沖縄国際大学非常勤講師、フリーライター。著書は『誤解だらけの沖縄・米軍基地』ほか。近刊は『沖縄と海兵隊　駐留の歴史的展開』（共著）。

# 「慰霊の日って何？」という衝撃

# 仲村颯悟

（映画監督）

実は、僕もまだ投票をしたことがなくて……。この1月で20歳になったばかりなので、初めての選挙が次の7月なんです。なので立場的には18歳と同じですね。生まれは沖縄県の沖縄市。コザ暴動など、沖縄が日本に復帰する前後にいろんな出来事があったところです。生まれてから高校卒業までずっと沖縄で、2年前に大学進学のために関東に出てきたんですけど、ものすごい衝撃を受けましたね。あまりにも戦争が日常から遠く離れていて。

沖縄では「戦争」ってすごい身近な言葉でした。もちろん、僕らも戦争を知らない世代ですけど、「住民も巻き込まれた悲惨な地上戦があった」という話を何度もおじい・おばあから聞いて育ったので。

こっち（神奈川）に来たら、6月23日の「慰霊の日」の存在すら知らない人ばかりで、本当に驚きました。この日は沖縄の終戦の日で、県内だと学校も仕事も休みになって、みんなで12時ちょうどに黙祷《もくとう》をするっていうのが普通の生活でしたから。6月になると慰霊のシーズンで、学校でも図書館に戦争の本が並んで、戦争を実際に体験した方が学校にやって来て、戦争はこうだったっていう実体験を語るっていうのが、おそらく沖縄中どこの学校でもあったと思います。米軍基地に囲まれていることも理由の一つかと思いますが、とにかく「戦争」というのがすごく身近な言葉でした。

僕の最新作『人魚に会える日。』の中で「(基地がなくなって)アメリカ人がいなくなるの寂しい」という台詞《せりふ》があるんですけど、それが僕が見てきた沖縄で育った若者の感情の一つです。生まれてきたときにはそばに基地があるのが当たり前で、逆に基地のない沖縄を見たこともなく、米兵さんとの間に生まれたハーフの友達が普通にいたような僕らにとって、基地に対する気持ちや米兵さんに対する気持ちは、白と黒に分けれるほど簡単ではないです。

基地問題に関しては、これまで何度も沖縄の中でいろんな議論がなされてきて、ちょうど普天間《ふてんま》基地返還合意の1996年に僕は生まれました。つまりこの20年間、みんながいろんなことを考えてきたけど、結果何もまとまらずに今の状態がある。だったらもう何やっても無理じゃないか、っていう雰囲気すら最近は感じますね。ニュースなどではわかりやすく基地賛成派・反対派と二極化して報道するけど、本当はどちらとも言えないような人たちが、沖縄の大多数なんだと僕は思っています。そんな対立の狭間《はざま》にある、声なき声というのか、たくさんの思いを、なんとか伝えなければと思って、この映画を作ったわけです。

僕は沖縄の人間だから基地問題を中心に考えてしまうけど、きっと日本各地にも、その地域だけでは解決できない問題が多く存在していると思うんです。なのでもっと、基地問題が沖縄の問題ではなく日米間の国としての問題のように、地方で起こっていることにも国民全体が意識を向けられるような国にしていきたいですね。（談）

**仲村颯悟（なかむら・りゅうご）** 1996年、沖縄県生まれ。映画監督。2009年、沖縄観光ドラマコンペティションに応募した脚本が選ばれ、自らメガホンを取った作品『やぎの散歩』が、10年、ショートショートフィルムフェスティバルにノミネート。それを発展させた劇場用長編映画第1作『やぎの冒険』は海外の映画祭でも高い評価を受ける。最新作は『人魚に会える日。』。慶應義塾大学環境情報学部に在学中。

# 若い投票者たちに望むこと

## 大田昌秀

（元沖縄県知事、社会学者）

全国で沖縄ほど憲法と縁のない所は、どこにもないけど、沖縄ほど憲法を大事にする所もありません。大日本帝国憲法が制定された時も現行の日本国憲法が制定された時も沖縄代表は、国会に出ていなかったからです。

戦後、沖縄は二十七年間も米軍の直接軍政下にあって日本国憲法は適用されなかったので、沖縄の人々は人間らしい生活を営むことが出来ませんでした。日本国憲法には、人間が人間らしく生きていくための基本的人権や諸々《もろもろ》の権利が具体的に規定されているからです。

その憲法が適用されていないにもかかわらず、沖縄ほど憲法を大事にした所もないと思います。憲法記念日を設け、憲法手帳を市民に配布したり「憲法を暮らしに生かそう」とスローガンを掲げて、憲法の内実を一つびとつ日常生活に取り入れてきたからです。本土の場合は、上から押し付けられた憲法として対応したのとは全く異なっています。日本への復帰運動に際しても、沖縄の人々は「平和憲法の下《もと》に帰ろう」と運動を推進しました。しかし実際には日米安保体制の下に帰されました。そのため日本復帰運動の中心人物の一人、元コザ市長の大山朝常《ちょうじょう》さんは、「日本は帰るべき祖国ではなかった」と言って『沖縄独立宣言』というベストセラー本を書いているほどです。

近年の日本政府の対沖縄政策の劣悪さに、沖縄では急速に日本離れが進んで公然と独立論が唱道されるようになっています。それも従来のように政治家の無責任な主張とは違って大学教授らが主張しているのです。龍谷《りゅうこく》大学の松島泰勝教授が『琉球独立論』という著書を刊行しているだけでなく沖縄国際大学の友知《ともち》政樹教授が「琉球民族独立総合研究学会」を立ち上げ、二百人ほどの会員を擁《よう》しています。アメリカ留学した高学歴の若い女性たちがシンポジウムを開いて独立論を吹聴したりしています。彼女たちは、日本の間接的代議制民主主義は機能しなくなったと言って直接民主主義を行使すべきだと主張、普天間《ふてんま》基地や嘉手納《かでな》基地などには日本の航空法が適用されていないのを利用して、凧《たこ》や風船を飛ばしたりしてＭＶ22オスプレイが飛ぶのを阻止《そし》する挙《きょ》に出ています。

現在、沖縄で最大の問題となっているのは、普天間基地の代替《だいたい》施設として名護《なご》市《し》の辺野古《へのこ》海域に巨大な新基地を作る計画を日米両政府が推進しようと図っていることです。この問題については沖縄住民の83％が反対しているのに対し、本土では46％が賛成しています。なぜ、そうなのか。恐らく本土の人々は、辺野古基地の内容について知らないからだと思います。

１９９５年の米兵による少女暴行事件の後、日米両政府は沖縄の怒りを緩和するため沖縄に関する特別行動委員会（ＳＡＣＯ）を設立し、それぞれ報告書を公表しました。日本政府は普天間基地を辺野古に移すには五分の一に縮小して移す。すなわち現在の普天間飛行場の滑走路は二千八百メートルだがそれを一千五百メートルにする。建設期間は五年から七年、建設費用は五千億円以内と発表しました。一方、米政府は建設期間は十年、ＭＶ22オスプレイを24機配備するので、それが完全に運用できるようにするための演習期間が二か年必要だから建設期間は十二年、建設費用は一兆円、運用年数四十年、耐用年数二百年の基地を作ると発表しました。耐用年数二百年の基地を作られたら、沖縄の人々は半永久的に基地との同居を強《し》いられるとして拒否しているのです。

しかし日米両政府は沖縄の人々の意思を無視してあくまで計画を強行しようと図っているので、住民は座り込んで抵抗しているのです。

ちなみに普天間基地の副司令官のトーマス・キングは、辺野古に作る基地は普天間の代替基地ではなくて20％軍事力を強化したものにする。そのため普天間の年間の維持費は二百八十万ドルだが、辺野古に移したら一挙に2億ドルになる。それを日本国民の税金で賄《まかな》ってもらうと語っています。辺野古基地の建設には一兆五千億円もかかる、という人も米海兵隊にはいます。そうなると、移設費から建設費、維持費、思いやり予算に至るまで、日本の納税者は一人当たりどれくらいの財政負担をしなければならないのか、大いに懸念されます。

今後は十八歳以上の若い人たちも選挙で投票できるようになります。これらの感性豊かな若人《わこうど》たちこそが日本の将来を左右します。果たして彼らはどのような発想で、政治にじかに関わるのでしょうか。平和憲法が危機に晒《さら》され、日米安保体制が拡大強化され、集団的自衛権も行使できるようになり、自衛隊は世界中どこへでも出撃できるようになっています。果たして十八歳の若人たちは、何を人生の基軸に据《す》えて政治に関わるのでしょうか。

沖縄は一九四五年の連合国との戦争で戦場となり、結果当時の人口の三分の一近くの十数万人の住民が犠牲となりました。その後、この沖縄では米軍による統治下で基地が作られていきました。一九七二年には米軍統治が終わり、日本に復帰した沖縄県ですが、米軍基地の多くは返還されないまま、今また新たな基地が作られようとしています。若い人たちには、沖縄のおかれている状況、弱い立場にある人々のことを考えていただきたいと思います。

日本国憲法を指針にして世界平和の創設のため奮闘されることを切望してやみません。


**大田昌秀（おおた・まさひで）**　1925年、沖縄県生まれ。政治家、社会学者。元沖縄県知事、社会民主党参議院議員、琉球大学名誉教授。沖縄戦では九死に一生を得たが、多くの学友を失う。その後、琉球大学教授時代はメディア社会学を専攻。新聞・報道研究と共に、沖縄戦の歴史研究にも従事。沖縄県知事在職中（90年～98年）は、沖縄の米軍基地問題に取り組む。現在は特定非営利活動法人「沖縄国際平和研究所」理事長。著作多数。

Photo by Takashi Morizumi

津田のポイント

# 4 差別と貧困

「差別」を辞書で引くと「偏見や先入観などをもとに、特定の人々に対して不利益・不平等な扱いをすること。また、その扱い」と書かれています。日本は欧米と比べて階層がない均質的な社会で「差別のない（少ない）国だ」と言われますが、細かく見ると、日本にも数多くの差別があることがわかります。

日本におけるもっとも有名な差別は、部落差別（同和問題）です。封建時代に幕府や藩が死牛馬の処理や犯罪者の処刑など「不浄」とされる仕事に就《つ》いていた人たちを身分制度のもっとも下に置き、身分と住む場所を固定化したのです。その結果、多数派である農民が彼らを日常的に差別するようになり、幕府や藩への不満のはけ口になりました。つまり、権力者が統治を円《えん》滑《かつ》に行うため、構造的な差別がつくられたのです。長年続いた差別による偏見はいまも日本社会に残っており、食肉処理業者や被差別部落地域出身の人への差別は解消されていません。

昨今、拡大しているのが在日コリアンに対する差別です。日本は1910年に大韓帝国（韓国・

朝鮮）を併合・植民地化し、朝鮮人は「帝国臣民《しんみん》」として日本国籍になりました。その結果、経済的に困窮《こんきゅう》していた多くの朝鮮人が故郷を離れ、日本に移り住みました。1945年には約240万人とも推測される在日朝鮮人が日本に居住していたと言われています。その年、日本は太平洋戦争で敗戦。多くの朝鮮人は帰国しましたが、さまざまな理由から日本に留《とど》まることを選択した朝鮮人が約60万人いました。現在日本にいる在日コリアンはその人たちの子孫です。在日コリアンは日本国籍を持たない「特別永住者」であるため、住民としての義務、納税は果たしながらも参政権はなく、いまも就職や住居入居などで差別を受け続けています。在日コリアンであるというだけで暴言を投げかけられることも少なくありません。

少数民族という意味では、北海道の先住民族だったアイヌへの差別、かつて独立国家であった琉球王国を併合して生まれた沖縄への差別もあります。特に沖縄は対中国の安全保障拠点として米軍基地が集中しており、そのこと自体が本土から沖縄に対する差別だと考える人も多くいます。ハンセン病患者や広島・長崎の被爆者、福島第一原発事故の避難民といった「被害者」に対して差別したり、生活保護受給者や非正規労働者といった「弱者」を差別するのも日本の特徴です。世界経済フォーラムが毎年発表している男女差別の客観的指標「ジェンダーギャップ指数」で、日本は先進国で断トツに低い世界101位。そもそも「女性」差別が世界でも顕著《けんちょ》な国といえます。日本は差別が「少ない」のではなく、構造化されることで「見えにくく」なっているのです。こうした見えにくい差別構造と密接な関係にあるのが「貧困」の問題です。厚労省の「国民生活基礎調査」（14年）によると、低所得者の割合を示す相対的貧困率（社会で普通とされる水準の生活を維持できない状態にある人がどれだけいるかという割合。12年の水準では年収122万円未満の世帯がこれにあたる）は16・1%、これらの世帯で暮らす18歳未満の子どもを対象にした「子どもの貧困率」も16・3%となり、ともに過去最悪を更新しました。

経済規模では世界第3位である日本は一般的に「豊かな国」と思われがちですが、昔と比べて今は所得の格差が広がり、貧困率は世界的にも見ても高くなっています。差別される側にいる人は就職や教育の面で十分な手当てを受けることができないことが多く、それが経済的な格差を助長する面もあります。前述したとおり、日本は弱者を差別する傾向が非常に強い国です。だからこそ差別と貧困はセットで解決していかなければならない問題なのです。

2016年5月24日、人種や国籍、民族などによる差別をあおる「ヘイトスピーチ」を解消するためのヘイトスピーチ対策法が国会で可決成立しました。こうした差別や貧困問題を解消する施策をどれだけ本気でやっているかということも、投票先を選ぶ一つの基準になるはずです。

# 生きたい人は、選挙に行こう

## 香山リカ

（精神科医）

### 誰にでもやって来る心の病《やまい》

私の仕事は「精神科医」だ。うつ病、パニック障害、過食症・拒食症、トラウマ後遺症といった「心の病」の名前をどこかで聞いたことがある人も多いと思うが、見た目からはわからず、血液検査などでも異常が明らかにならない心の病は、本人にとっても家族にとってもたいへんつらいものだ。

そういう話を聞いても、もしかすると「私には関係ない」と思うのではないだろうか。でも、それもしかたない。診察室にやって来る人たちの多くでさえ、「まさか私が心の病になるなんて。これまで自分は関係ないと思ってたのに」と言う。

では、どうしてその人たちは突然、心の病になるのだろう。その理由は、いまだに完全にわかっていない。働きすぎや受験のプレッシャーなどのストレスが関係していることもあるが、とくにストレスがなくてもうつ病になる人もいる。

「あなたのせいじゃないですよ。誰でも病気になるんです。いっしょに治していきましょう。」

診察室で落ち込む人にはそう声をかけるが、いったん心の病になると、中には仕事を続けるのがむずかしくなったり、進学をやめなければならなくなったりする人もいる。すると、まわりからは「なまけているから病気になったのだ」「ラクをしたいだけだ」などと誤解され、さまざまな差別を受けることもある。私が診《み》ていた患者さんの中にも、精神科に通院しているという理由で恋人の親に結婚を反対された、ボランティアグループへの参加を断られた、などという人がいた。そうなると、病がますます悪化してしまうこともある。

「心の病」になってもできることはたくさんあるし、社会や地域の中でなにかの役割を与えられてそれをこなしたり、友人や知人の信頼を得たりすることで病気の治りがよくなることも多い。診察室でのカウンセリング、薬の処方だけでは、病はなかなかよくならないのだ。

## 精神医学で学んだ三つのこと

長年、精神科医の仕事を続ける中で私は、三つのことを学んだ。一つは「人生、いつ病気になったり、事故や災害などに巻き込まれたりするかわからない」ということ。そして「自分たちのせいで病気や障害などを負ったわけでもない人たちへの誤解、偏見、差別は許されない」ということ。そして「もし、からだをこわしたり働けなくなったりしても、安心して暮らせる仕組みが絶対に必要だ」ということだ。

この三つは、それぞれでまったく種類が違う。一つめは、自分で自分に言い聞かせておくべきことだろう。「明日は我が身」ということわざにも似ている。ふたつめの「偏見や差別はいけない」というのは、広く社会に呼びかけること。学校で教えたりポスターで伝えたり、私のようにこうして文章にして「差別はやめよう」と訴えることもできる。

しかし最近、この二つめの「差別はやめよう」という呼びかけに対して、「日本の憲法では『表現の自由』が認められているんだから、何を言ってもいいだろう」と反対する人たちが増えている。たとえば、日本には30万人もの韓国人、朝鮮人が暮らしているが、その人たちに対して「劣っている」などと差別的なことを言ったり、「税金を免除されている」などのデマを飛ばしたりする動きがここ10年ほど見られる。最初は名前や顔を出さなくてよいインターネットでの発言が中心だったが、その後、「韓国人を全員、日本から追い出せ」などと叫びながら道路を集団で歩く人たちもいる。

このように「韓国人」であるというだけで、その人たちに「悪い人」などの差別的で誤った決めつけを行い、「出て行け」などと追い出そうする発言を、「ヘイトスピーチ」と言う。そして、公の場所でそれを口にしたり、プラカードに書いて掲げたりする集会をヘイトスピーチデモと呼ぶ。いまの日本では、残念ながらこのヘイトスピーチデモが全国のあちこちで毎週のように行われているのだ。

そうなるとこれはもう、いくら学校で「差別はいけない」と教えたり、本や雑誌で「差別のおそろしさ」についての文章を載せたりしても、とても間に合わない。警察に「人を傷つける差別主義のデモをやめさせてください」と駆け込んでも、「『ヘイトスピーチはダメ』という法律がないから動けません」ということになる。繰り返すが、日本には国内の法律よりも上に位置する日本国憲法があり、その中で「表現の自由を保障する」という項目があるからだ。

## 私たちの生活と政治の距離

そこで、政治家の出番となる。今の日本で自分たちで法律を作ることができるのは、政治家だけだ。ヘイトスピーチやヘイトスピーチデモの問題に関しても、多くの人たちが「なんとか差別を禁止する法律を作ってほしい」と政治家に働きかけてきた。そしてこのほどようやく、「不当な差別的言動は許されない」とはっきり記されたヘイトスピーチ対策法ができることになったのだ。

とはいえ、この法律ができたから安心、というわけではない。この法律の対象になっているのは今のところ「人種や民族への差別をあおる『ヘイトスピーチ』」だけに限られている。しかし、今の日本には「心の病はなまけから来ている、そういう人たちに生きる資格はない」など決して許されない言葉を、匿名《とくめい》で意見が言えるインターネットなどで書き続ける人も残念ながらいるのだ。

そして「私が精神科医として気づいたこと」の三つめ、「もし病気や障害を負っても、突然の災害がやって来ても、なんとか安心して生活できるような仕組みを」という点に関しては、これは最初から政治家に動いてもらわなければならない。今、日本では「経済の問題が最優先」となっていて、なんとか企業の利益がもっと増えて景気を回復させよう、ということで政治家たちの頭はいっぱいのようだ。

しかし、いくら経済が上向いても、その社会で暮らす私たちがからだをこわしたり、災害で住まいを失ったりしてしまっては、生きていくこともできない。

そう、どんなときでもいちばん大切なのは、私たちが「生きていくこと」のはずだ。命が守られ、誤解や偏見によって差別されることもなく、無意味な戦争などに巻き込まれる危険もない。ある程度、まじめに勉強したり働いたりしていれば、それほどお金に困ることはなく、自分でやりたい仕事をしたり、家族を持ったりできる。ある時代まで、それは「あたりまえのこと」のように思われていた。

しかし、よく考えれば、それは決して簡単なことではないのがわかる。予想もできなかった病気、事故、災害などで、すぐに毎日の生活もむずかしくなってしまうからだ。さらにここに来て、「安全保障関連法」という法律が成立し、日本の自衛隊が世界で起きている戦闘に加わる可能性も高くなった。先ほど述べたように、ヘイトスピーチなどで差別をあおる人もなかなか少なくならない。そうなると、私たちが「生きていくこと」は、ますますむずかしいものになっていく。

もちろん、希望がないわけではない。ひとりひとりが気持ちをしっかり持って、自信を失うことのないよう、前向きに考えるようにする。身近な友人や家族を大切にし、目の前の生活をしっかり守る。それがすべての基本だ。

ただ、私たちひとりひとりの思いや行動だけではなかなか解決できないこともある。これまで述べてきたように、政治家たちに「頼みましたよ。平和が守れるようにしてくださいね」「しっかり法律を作ってくださいね」と、がんばってもらうしかない問題もたくさんあるのだ。

その政治家を選ぶのが、「選挙」という仕組みだ。

選挙に行くことは、私たちが「これからも生きていく」ということと直接つながっている。生活と政治、私たちの人生と政治は、決して遠く離れているわけではない。むしろ、明日も生きていくためには、まず「どんな人に政治家になってもらいたいかな」と自分で考え、選挙で投票しなければならないのだ。

生きたい人は、選挙に行こう。私はそう言いたい。あなたは生きたいですか？　もちろん、そうですよね。だとしたら、行くしかないんです、選挙。

**香山リカ（かやま・りか）**　1960年、北海道生まれ。東京医科大学卒。精神科医、立教大学現代心理学部映像身体学科教授。豊富な臨床経験を生かして、現代人の心の問題を中心にさまざまなメディアで発言を続けている。専門は精神病理学。著作多数。NHKラジオ第一『香山リカのココロの美容液』（金曜・夜9時30分〜）でパーソナリティを務める。

# 全員が役立つ社会を目指すことの恐ろしさ

三年前、『あん』という小説を上梓《じょうし》した。ハンセン病の患者だった高齢の女性と、人生半《なか》ばで挫折してしまった男との出会いを通じ、生きることの意味を愚直《ぐちょく》に問うた物語だ。私の小説にしては珍しく版を重ね、映画化もされた。原作者として世界のフィルム・フェスティバルからも招待されるようになった。

どこの国でも喝采《かっさい》を浴びた。そして同じことを訊《き》かれた。「日本のような先進国が、なぜこのような状態を放置していたのか？」と。

ハンセン病は、我が国では「らい病」と呼ばれていた。感染力は極めて弱く、致死病でもないが、病状が進むと顔や手足が変形してしまうため、患者は昔から差別の対象となってきた。戦後すぐにアメリカで特効薬が開発され、治療を受け

ドリアン助川
（詩人、作家、ミュージシャン）

れば完治する病気となったにもかかわらず、国は患者を強制的に隔離し続けた。病気が治っても療養所から一生出られない絶対隔離だ。

患者を囲いから出さないと決めたこの「らい予防法」が廃止されたのは1996年のこと。病気が治っているのに隔離されていた人たちの人生が、メディアによって明るみに出だした。欧米諸国では1950年代から60年代にかけて隔離は解かれ、通院治療に移行したというのに、なぜか我が国だけがこうも遅れたのだ。その間、元患者のみなさんはどんな思いで囲いの外の世界を見ていたのだろう。

その世界に、私はいた。国が間違いを犯していることを知らずに、ただのうのうと青春を謳歌《おうか》していた。

今ならわかる。いつの時代も完璧な国家などない。時代は常に危機をはらんでいるし、経済優先の観念は、原発事故をも含む環境破壊を招いてしまう。だから、社会や国家を全面的正義と信じて、自分の価値観をそこに丸投げしてしまうような生き方が一番まずい。日本が好きだからと、疑うことなき追従に身を落とせば、個の人生が失われるばかりではなく、国の未来までが怪しくなってくる。

私が『あん』を書いたのは、「社会の役に立たないと生きている意味がない」

という若者たちの言葉を聞いたことがきっかけだった。

これは否定し難《がた》い言葉ではある。しかし、社会などいとも簡単に変わっていく。戦争に臨《のぞ》めば、国のために命を失うことが社会的正義となる。そこまでの振れ幅を視野に入れた上で、社会や国家を考えてもらいたい。

病気が治っているのに隔離され続けた人たちに対し、「社会の役に立つかどうか」などという価値観を押し付けることはできないと私は思った。人間が生存していること。ここにはもっと別の意味合いがあるのではないか。

現内閣は、国民全員が役に立つ社会を目指していると言うが、この観念は恐ろしいし、ひどく感性が鈍《にぶ》い。では、役に立たない者たちをどうするというのか？

我が国が犯してきた国家的差別の歴史を通じて、人間と社会の関わりについて考え、自身の感じ方で一票を投じてもらいたい。

**ドリアン助川（どりあん・すけがわ）** 1962年、東京生まれの神戸育ち。早稲田大学卒業後、放送作家などを経て、バンド「叫ぶ詩人の会」を結成。現在は音楽道化師ユニット「アルルカン・ヴォイス・シアター」のボーカルとして活動中。著書も多数、多岐にわたる。2015年、小説『あん』が河瀬直美監督により映画化され、カンヌ国際映画祭「ある視点」部門のオープニング作品に選定。近刊は『あなたという国』『坂道』。

# 地球経済時代を生きるための三つの道具

浜 矩子
（経済学者）

エコノミスト（経済学者）という立場で、「次世代に渡していける地球経済」というお話をさせていただきます。まずは、私が毎回のように大声で連呼しております「チーム・アホノミクス」というのがございます。これはご想像通りかと思いますが、時の政権のことを指しているものでございます。なお、この言い方、当初はさすがに品がないかなと思って控えめに使っておりましたが、最近ではこれでは飽《あ》き足らず、「アホ」の前に「ド」を付けるようにしておりますことを、お伝えしておきたいと思います。

このチーム・アホノミクスの面々においては、そしてことのほか、その親分においては、次世代に受け継いでいけるような地球経済のあり方にとって不可欠なものが、完璧《かんぺき》に欠落していることに、つくづく気づいたものでございます。すなわち「共感性」です。それは「人のために泣ける」ことと言い換えられると思います。他人の痛みを、自分の痛みとして受け止めることのできる感性。『国富論』という本を書き、経済学の生みの親として知られるアダム・スミス先生も、経済活動を営む人間たちというのは、すなわち、共感性を有する人々であるというふうに仰《おっしゃ》っております。

「グローバル時代」とか「グローバル経済」とか言いますが、この地球経済時代というのは「共生」の時代とも言われております。ポスト3・11の大状況の中で、共に生きていく重要性というような文脈でも使われますが、しかしながらよくよく考えてみると、共生するということは、共感がなければできないことと言って間違いありません。共感なくして共生なし。人の痛みがわからない人同士が生きるということは、それは「共生」ではなく「共食い」になるわけです。人の痛みを我が痛みとして感じることができるか？——このテストにおいて徹底的に不合格になるのが、チーム・アホノミクスの面々です。

「共感」を軸にこのグローバル時代を共に生きていくために、我々が整えておくべき道具というものが、私には三つあると思えます。それはすなわち「耳」と「目」と、そして「手」である。まず耳ですが、それは傾ける耳。人が言うことをしっかり傾聴《けいちょう》することのできる耳、ということになると思います。自分と全然違う意見を持っている人の言っていることもきちんと聞き取り、それを受け止め、自分の考えに取り入れる耳。どんなに遠くから、どんなにかすかにしか聞こえなくても、誰かが助けてくれと言っているときに、その声を敏感に察知《さっち》する耳、そういうものが必要となってくる。そして目については、冒頭から申し上げているように、それはすなわち、涙する目。人のために泣ける目。もらい泣きをすることのできる目ということです。最後は手ですが、手はいかなる手かというと、それはすなわち、差し伸べる手。救いを必要としている人々に対して、惜しげなく差し伸べる手ということになると思います。

この三つの道具をしっかり我がものとすることのできる人々こそが、次世代に受け継いでいくに値する地球経済というものを回していくことのできる人々だと、そんなふうに思うわけでございます。ここでふと考えると、この三つの道具は、チーム・アホノミクスの面々が最も持っていないように思えるわけです。彼らの耳は、聞く耳もたずの耳。少しでも自分と違うことを言ってる奴がいると、すぐ怒り、あるいは聞こえないふりをする。そして彼らの目は、涙枯れし目。ま、もともとなかったのかもしれませんけど。そして、彼らの手は、差し伸べる手ではなくて、奪い取る手であることは間違いございません。チーム・アホノミクスができてから、ずーっと親分が口に出す言葉があります。それはすなわち「取り戻す」という言葉でございます。最初の政権公約である「日本を取り戻す」から始まって、「強い日本を取り戻す」になり、その強い日本を取り戻すために「強い経済を取り戻す」ということになり、そして強い経済を取り戻すことによって、強い日本を取り戻すことができれば「誇りある日本を取り戻す」ことができると。これを私は「取り戻したがり病」と名付けているのでございますが、この病気はとっても怖いです。取り戻したい感性自体が、人のために泣ける感性ではないわけですが、この病気の一番怖いところは、これは必ず「奪い取りたがり病」に通じているということでございます。取り戻すということは、誰かから何かを奪い取ることを伴わなければできないので、間違いなく、彼らの手は「奪い取る手」ということになってくるわけでございます。

——というわけで、この共感性なくして、地球経済は成り立っていかないというふうに思います。これだけ人、モノ、お金が国境を越えて容易に移動していくという中で、人々がお互いに共感性を持ち得ないのならば、地球経済はほどなく終わりだというふうに思うわけでございます。

この究極の共感性というものをワンフレーズで表現すると、どういうことになるかなと……私が思い出すのはある歌のタイトル。かのプレスリーもリメイクした古いロックソングですが、『俺の靴で歩いてみなよ、1マイル (Walk a mile in my shoes)』というもので、これは差別、貧困に対する抵抗の歌でございます。「貧困、差別に苦しむ俺たちの靴で、あんたも歩いてみれば、それがどんなことであるかわかるぜ」という歌であります。なかなかいい歌ですが、私はこのタイトル、ちょっと気に食わないんですね。本当の共感性は、やっぱこれではない。本当の共感性を表すフレーズは『あんたの靴で歩いてみるぜ、1マイル』ではないかと思うのです。自分と全く境遇が違う、例えばイスラエル人がパレスチナ人の靴で歩いてみるとか。私はカトリック信者ですが、その私がイスラム教徒の靴で歩いてみるというような。それをお互いに言い合える関係によって、回されている地球経済は間違いなく、世代から世代へと引き継いでいける地球経済であると、私は思うのでございます。

（談）

**浜 矩子（はま・のりこ）** 1952年、東京都生まれ。経済学者。75年、一橋大学経済学部卒業後、三菱総合研究所入社。2002年より同志社大学大学院ビジネス研究科専門職学位課程教授。11年にはビジネス研究科長に就任。12年から財務省の財政制度等審議会臨時委員を務める。経済動向に関するコメンテイターとして内外のメディア出演や著述も多数、多岐にわたる。

# 2016年、私が考える憲法

森達也
（映画監督）

2013年、米フロリダ州で黒人少年が自警団の男に射殺された。少年は武器など持っていなかった。ところが事件の裁判で陪審員《ばいしんいん》たちは、自衛のために撃ったと主張する被告の正当防衛を認めて無罪評決を下した。

銃社会アメリカでは、誤射や乱射事件が起きるたびに銃規制の必要性が議論されるが、規制への動きはむしろ後退している。銃を規制すべきと主張するオバマ大統領に対して、全米ライフル協会（NRA）の副会長は、「銃を所持した悪人の行為を止められるのは、銃を持った善人だけだ」と述べて、すべての国民が銃を持つべきとの意向を表明した。

これを聞いてあなたはどう思うだろう。その通りだと思う人は少ないはずだ。でも多くのアメリカ人は、オバマの主張よりもライフル協会副会長の言葉に賛同した。特に近年は、誤射や乱射事件の増加と並行するように、アメリカ全土で銃の売り上げが急増している。これがアメリカ（特に南部はこの傾向が強い）の現実だ。映画監督のマイケル・ムーアは『ボーリング・フォー・コロンバイン』で、先住民族や黒人を加虐してきた歴史があるからこそ、アメリカ市民は銃を手放せないのだと主張した。報復が怖いのだ。だからこそ自衛の意識が過剰になる。つまり銃を手もとに置く人は勇敢なのではない。臆病なのだ。

怖いから銃を持ちたい。でも暴力に対して暴力で抑止しようと考えるなら、平和な社会など永劫《えいごう》に望めない。誰だってそう思う。でもこの論理は、実のところ世界的なスタンダードになっている。

軍隊と核兵器の存在理由だ。

自分たちの国の軍隊は他国に侵略などするはずがない。でも悪い国が軍隊を持っている。だから攻められたときのために、国家は軍隊を常備しなくてはならない。その予算は膨大《ぼうだい》だ。本当なら社会保障などに使いたい。でも丸腰は怖い。だから武力を手放せない。

こうして過剰な自衛意識を燃料にして戦争が起きる。人類はそんな歴史を繰り返している。しかし第二次世界大戦に負けたこの国は、一切の武力を放棄することを宣言した。

もちろん綺麗ごとだけではない。日本の背後には世界最強の軍隊と大きな核の傘を持つアメリカがいた。だから多少の痩せ我慢ができた。世界平和のためには軍備を放棄しなければならないとの理念のために、不安や恐怖を抑え込むことができた。

その後に冷戦の時代が幕を開け、朝鮮戦争やベトナム戦争があった。両隣も向かいの家も含めて、ご近所はすべて銃を持っている。核兵器を持っている家もある。でも我が家は銃を持たない。かつてそう決めた。それを理念にした。だから守る。怖かったと思う。不安だったと思う。でも日本は九条を（ともかくも）守り抜いた。実質的には今もアメリカの核の傘の下にあり、銃を持ってしまったけれど、この銃は絶対に外に持ってゆかないと決めていた。ぎりぎりで堪え続けた。銃を持たないことを宣言してからＧＮＰ世界第二位を達成し、すでに60年以上が過ぎる。

暴力に対して暴力の抑止は成り立たない。自衛の意識が戦争を起こす。だから銃を持たない。身をもってそれを示す。つまり憲法九条は、抑止論に囚《とら》われた人類に対して突き付けたアンチテーゼだ。決してお花畑などではない。僕たちが暮らすこの街から銃が消える日は、まだまだ遠いかもしれない。でもこの精神だけは手放さない。守り続ける。僕はそんな家で生まれたことを誇りに思っていた。

でもその憲法が、今度の選挙の結果によっては、大きく変わる。この国は自衛のために銃を持つ普通の国になる。なぜならば今の自民党（安倍政権）の最大の目的が、憲法九条を破棄することだからだ。

憲法とは何か。難しく書けば「国家と統治の根本規範」であり、「法体系の基本原理を定めた法規範」ということになる。思い切りわかりやすく書けば、国民が理想とする国のありかたを文章で示したもの。つまり理念。あるいは目標。きっとあなたも理念や目標は持っているはずだ。なかなか実現できない。だからこそ理念なのだ。

2016年2月の衆院予算委員会で、自民党の稲田朋美政調会長が「憲法学者のおよそ7割が、自衛隊はこの（憲法九条の）条項に違反ないし違反する可能性があると解釈している。このままにしておくことこそが立憲主義を空洞化させる」と九条二項を見直すことを提案し、安倍首相も「九条第二項を改正して自衛権を明記し」とこれに呼応した。

要するに、現実に即していないから理念を変えようとのメッセージだ。ならば稲田政調会長の提案は、「この国では今も人権侵害の事例が後を絶たない。ならば基本的人権を謳《うた》った憲法に違反して立憲主義を空洞化させる可能性があるから、条項を削除しましょう」と言い換えることもできる。もっと端的に書こう。この国では今も交通ルールを守らない人が大勢いるから、交通ルールをなくしましょうに等しい。

まるで小学生の発想だ。でもその程度の指摘すら、この国のメディアはできない。政府もメディアもそのレベル。だからこそ理念は何よりも重要だ。

憲法について今、僕が思うことを書いた。あとはあなたが決めること。だってあなたたちは今、選挙という手段を手に入れたのだから。

**森 達也（もり・たつや）** 1956年、広島県生まれ。映画監督、作家、明治大学特任教授。大学卒業後、職を転々とし、86年テレビ番組制作会社へ。その後、フリーになる。98年にドキュメンタリー映画『A』を公開。2001年、続編『A2』が、山形国際ドキュメンタリー映画祭で特別賞・市民賞を受賞する。11年に書籍『A3』が講談社ノンフィクション賞を受賞。最新映画は6月公開の『Fake』。

FREE HUGS
FOR PEACE

# 君の国、どうせだったらカッコいい国にしたくないか?

僕はフリーハグという活動をやっている。「フリーハグ」と書かれたボードを頭上に掲げて路上に立ち、ハグをしてくれる人をただ待つという、一見なんだかよく分からない活動だ。その活動の舞台は日本ではなく、意外に思うかもしれないが韓国や中国で行っている。

大学を卒業してから、僕は就職をするかわりに世界中を旅してきた。日本の外の世界はいったいどうなっているのか、自分の目で確かめたかったからだ。もちろん、みんなが当たり前のように就職する中、一人だけ違う道を歩むことは怖かった。でも、人と同じことをしていたら人と同じ人生しか送れない。そんなの嫌だった。だから、自分にしかできないことを探すために、僕は人生のベクトルを

## 桑原功一

(フリーハガー)

日本から世界へと向けた。そして、冒険が始まった。

　地球上の全ての人には、その人を待っている宝物があるという。僕にとってのそれは、海外の友達だった。初めて仲良くなった外国人は、韓国人だ。「韓国では反日教育が行われている」「韓国人は日本人のことが嫌い」というイメージが、少なからず僕の脳裏《のうり》にあった。でも、とてもフレンドリーな韓国人たちとの出会いが、韓国に対する先入観を木《こ》っ端《ぱ》みじんに打ち砕いてくれた。日本にいた頃にメディアで聞かされていたこと、見たこと、教えられたこと、それらはほんの一面的な事実にすぎず、全てではないことを実体験で知ることができた。

　言語や文化が異なると、僕らには共通点がないように思える。でも、この世界の誰にでも当てはまる共通点が、実は一つだけある。それは「同じ人間だ」ということ。恋人に振られれば悲しくなるし、テストに合格すれば嬉《うれ》しい。将来がどうなるか不安だし、人生を真剣に悩むことだってある。彼らにもそんな一面があることをテレビは流さない。「どれだけ僕らは違うのか」そればかりが取りざたされ、僕らを分断する原因の一つになっている。

　今年から君は、この日本社会を現実に動かすことのできる「選挙」というものに参加する。選挙なんて、まったく他人事に聞こえるかもしれない。でも、君の服が君の物であるように、この国は君の国だ。どうせだったらカッコいい国にしたくないか？　弱いものをしっかり守り、人種によって人を差別せず、仲間はずれをつくらない、そんな国づくりは投票から始まっていくんだ。

韓国や中国でフリーハグをしていると、老若男女《ろうにゃくなんにょ》問わず、笑顔でハグをしに来てくれる。「初めて生の日本人に会えた！」と嬉しそうに言われたとき、僕はこの活動の意義を見つけた気がした。社会を変えるなんて大それたことは考えてない。たった一人でもいい。目の前にいる人の心を変えることができたなら、それが僕たちに起こせる大きな変化なのだ。そしていつか、「あの人を悲しませたくない」と大切に思える海外の友達を君にも見つけてほしい。それこそが社会を変えることにつながっていくのだから。

**桑原功一（くわばら・こういち）**　1984年、群馬県生まれ。俳優、監督。創価大学教育学部卒。学生時代に冒険教育学を専攻し、幼小中高の教員免許を取得。卒業後、世界一周に出発し、自転車でオーストラリア、ユーラシア、アフリカの三大陸を駆け抜ける。2011年より東アジアを中心にフリーハグ活動を開始。15年、国際平和映像祭にてドキュメンタリー作品『Peace begins with a hug』が横浜市国際局長賞を受賞。

FREE
FOR

희망

REE HUGS
FOR PEAC

# 僕は改憲派。非核三原則、反原発も条文に加えたい

書籍『日本国憲法』（小学館から1982年初版刊行）の企画アイデアは、寝つけないベッドの中で浮かびました。小学館に入社した後、7年ほど不健康な暮らし方を続けて病気で倒れたことをきっかけに、今までの自分を振り返りながら、自分を形づくってきた「軸」って何なのだろうと考えていました。その過去を探る旅の中で僕の生まれた年に誕生した「日本国憲法」にぶつかった。編集者として「表現の自由」はもちろんだけど、全てはこの憲法の大きな価値の中で、自分は生きてきたのだと思いました。しかし、それをきちんと読んだ記憶がなかった。大学で教職単位を取得するために読んだことはあるけど、自分のものとして読んだことがなかった。なぜなのか？　そうか、読みやすい本がなかったんだ、と思い至りました。編集の軸は明解でした。大きな文字にルビを振り、写真を入れることで読みやすくすることに特化し、解釈や成立過程は一切入れなかった。この本は現在も生きていて、113万部のベストセラーになっています。初版が出た当時は、改憲論者の中曽

## 島本脩二

（『日本国憲法』編集者）

根康弘さんが総裁候補で「憲法が変わるんじゃないか？」と思われていた時代でした。そんな空気もこの本を後押ししたのだと思います。

それから30年たった2012年の暮れに、自民党のHPからプリントアウトした「憲法改正草案」を読んで、愕然《がくぜん》としました。「日本国は、長い歴史と固有の文化を持ち、国民統合の象徴である天皇を戴《いただ》く国家であって、」という前文から始まるそれは、いわば「戦前に戻ろう！」という憲法です。そもそも僕が現行の「日本国憲法」の前文を読んだときに感じた、理想を求める「スピリット」が、この草案にはまったくなかった。こんな国にしようとしているのか、と足許《あしもと》が抜けるように感じました。第9条は戦争ができるようになっているし、表現の自由も制限されている。さらに「家族は、互いに助け合わなければならない」なんて条文に至っては、兄弟の仲が良くないウチの家庭は、憲法違反か？って（笑）。「この草案、みんな知っているのか!?」。小学館や朝日新聞出版の元同僚たちにも聞いてみたら、既読者は一割未満でした。おかしかったのは、その全員がプリントアウトをして読んでいたことです。やはりモニター上では読めないわけです。そこで考えたのが『日本国憲法』を新装判として出すことと、「自民党憲法改正草案」を読みやすい本にして出すことでした。この二つを比較すれば、さすがに驚いて反対の声が上がるだろうと。前者は、小学館からソフトカバー判を出すことができたのですが、後者は、大月書店から『赤ペンチェック　自民党憲法改正草案』（伊藤真）という良書が出版されたので消えました。

これまで憲法が改正されずに来たのは、「いい憲法だから」だと思います。ただ、僕自身はこれに一切手を触れてはいけないとは思っていません。3・11以降、いろいろ考えて気がついたのですが、明治維新から太平洋戦争敗戦までが77年、そこから3・11までが66年です。何かが変わるための時期が来ているのかもしれない。社会システムというものは、長く続くと疲弊《ひへい》してくるのは当然です。現行の日本国憲法でも、例えば第89条の規定を遵《じゅん》守《しゅ》しようとすると、私学助成金は「違憲」という指摘もあります。「公金その他の公の財産は、宗教上の組織若《も》しくは団体の使用、便益若しくは維持のため、又は公の支配に属しない慈善、教育若しくは博愛の事業に対し、これを支出し、又はその利用を供してはならない」とありますから。だから、僕は第9条にある「戦争の放棄」の意図をもっと明確にするために「非核三原則」も入れたほうがいいし、どこかに「反原発、脱原発」の規定も加えてしまったらいいと思っています。なかでも、天皇陛下のお仕事を軽くする必要があります。今上《きんじょう》天皇と皇后は、現憲法下における「象徴天皇」という規定を、お二人でクリエイトしてこられたわけですが、その中で、美智子皇后とそれに続く雅子皇太子妃が、二代わたってお心を病まれたことを見ると、システム自体に無理があるとしか考えられません。もっと負担を軽くしてあげたいと思います。

とかく改憲というと、第9条のことばかりが取りざたされてきましたが、これから先、どのような国にしていくかを考えたうえで改憲を考えるべきだと思います。

憲法とは少し離れますが、3・11以降、省エネが大きな課題になっています。僕もなるべくクーラーを使わず、夏のズボンも七分丈に切って、より涼しい格好をすることにしました。それまでの「エネルギーをどれだけ使うか」ではなく「どれだけ使わないか」ということに、生活をシフトさせなくてはならなくなりました。これを僕は「新生活倫理」と名付けて、筆で半紙に書いてトイレに貼っています。これは昭和25年（1950年）から始まった「新生活運動」を踏まえたものです。この運動は、戦後の生活様式の変化の中で「各人の創意と良識によって日常生活の向上を図る」というものでした。同じことが、今こそ必要とされていると感じています。

3・11以前から僕は原発に反対で、関連書籍も何冊か編集してきましたが、でもあんなことを起こしてしまったことを悔《くや》みました。今の若い世代に、こんな世界をつくってしまった先行世代としての責任を感じています。だから、今の18歳、19歳の人たちに望むことは、今ではなく、自分の子どもたちにあたる世代が大きくなったときに、どんな世界を残したいか、それをよく考えて行動をしてもらいたいと思うのです。その考えを実現するために、今できることの一つが投票行動です。（談）

**島本脩二（しまもと・しゅうじ）**　1946年、新潟県生まれ。編集者。小学館で雑誌『週刊ポスト』『GORO』『写楽』に携わり、書籍では『矢沢永吉激論集　成りあがり』『日本国憲法』などを担当。岩合光昭『おきて』『クジラの海』、三好和義『地球の楽園』、石川賢治『月光浴』などの写真集も多数。退社後、朝日新聞出版を経て、フリー編集者として『No Nukes（ノーニュークス）ヒロシマ　ナガサキ　フクシマ』などを手がける。

# 投票はホテルの枕元に置くチップ。ケチらなくていい

投票に行くしかない。だって国民だもの。しかたないんじゃない。いやいや行けばいい。死んでないし、生きてるなら、行くしかない。だって人間だもの。人間ってたいてい国民だし。そこはしかたないんだよな。国民じゃない人間はいないから。俺だってできる限り国民なんてものになりたくないし。これから生まれてくる自分の息子に国民なんてレッテルはりたくもない。ただの人間だし。生きものだし。猫と同じ。生きものってだけの内臓のかたまりだし。

投票は行くしかないんだろうな。俺だって行きたくない。心から行きたくない。だって政治家になろうなんて奴はろくでもない奴ばっか。名誉がほしいだの。楽して生きたいだの。とにかくろくなものじゃない。何度も言うが、政治家なんてクソッタレだ。小さい頃から生徒会長になって先公になびいていい子いい子して、人生をなるべく楽に生きたいと

園子温
（映画監督、アーティスト）

思ってる奴の通り道だ。俺はそもそも国家も政治家も大キライだ。

　でも投票は行かないといけないと思う。

　日本なんてクソみたいな現在にたまたま生きるはめになったオマエは本当に哀れだ。

　投票は行くしかない。だって国民だもの。国民として生きざるをえない今、税金だって結局無視できないし、無視したら犯罪者になって損をする。

　損をするから、犯罪者になりたくない。国民として投票するのは、犯罪者にならないためにも。この国を少しでも改善して犯罪者にならないで済めばいいと思う。ちょっとしたチップだ。チップ。ホテルを出るときに枕元に置く1ドル。あるいは電車の中で突然気分が悪くなった人の体を支える小さな力。チップだ。１００円か10円か一円玉。投票するしかないんじゃないかな。生きていく上で。だって国民として生きるのが定めだから、少しだけ何かよくなることを期待するのもしょうがあるまい。

　おさらいをしよう。俺たちみんな国民。いつも苦しんでいる。なのにえらい人間はみんな、ふんぞりかえって葉巻吸ってファーストクラスで飛行機乗ってスウィートに泊まる。

　おさらいしよう。俺たちも国民。スウィートに泊まる奴らも国民？　みんな国民。国民のふりをしてる金持ちと政治家がいる——奴らはどうみてもいわゆる国民じゃない。食べるものも寝るところ座る椅子もつける電灯も歩く廊下も乗る車の装備も違う。奴らが国民のふりをしていつも国民のように話しているのを野放ししていいのか？　ただのリッチ野郎で、クソみてえに冷たい奴らだ！

さあ、さっきまでここの裏通りにニャアと鳴いていたあの野良猫は新宿3丁目の3の3にいて、今は別の場所に走っていった。奴は国民か？　少なくとも奴は国民じゃない？　なぜならつかまったら必ずガス室に送られる――例のアレだ。

ガス室に送られることのない奴のことをまあ、区切りのいいところで、普通国民と言われる。国民以外はガス室送りだ。もしくは元いた場所に送り返される。税金を払っている猫とは、オマエの飼い猫だ。

投票なんか、絶対するな、二度とするな、この国のすべては絶対変わらない。何をしても変わらない。革命がおきても変わらない。ずっと変わらない。貧乏人はずっと貧乏人で、金持ちはずっと金持ちだ。無言電話のツーツーツー。だまっていると、むこうから聞こえる閉じられた音、ツーツーツー。

さあ、もう二度と投票はするな、この国は絶対に変わられない。野良猫は永遠にガス室送り。偶然に降るどしゃぶりなんかない。すべて計算通り。何が哀しいって、このこと。何がむなしいって、このこと。すべて計算通りに、計算づくの奴らが、計画を練って、計画を実行する、だから投票なんか効果なし。オマエはいつものようにゲームの世界でラスボスを倒せばいいし、腹いせに通り魔になって秋葉原でいっぱい人を殺して死刑になるのも悪くない。サッカー中継ばかりみて気を晴らすのもよし。ネットの中で人を中傷して気分をおさめるのもよし。投票以外にも、うさばらしだったら何でもできる。

でもだ、俺は投票する。

投票した相手をすぐ忘れる。だって忙しいし、いろいろめんどくさいから忘れるし、俺の投票した奴がどんなことをしたのか、どんなことをして、俺の5円玉が10円玉にマジックのように変化したのかも意外とめんどくさいから、忙しいし、知らない。

でも投票する。国民だから。こればっかしは……。

礼儀だろ、一宿一飯《いっしゅくいっぱん》の義理で枕元にチップを置け。

**園子温（その・しおん）**　１９６１年、愛知県生まれ。映画監督、アーティスト。17歳で詩人デビュー。86年、自主制作した映画『俺は園子温だ！』が、ぴあフィルムフェスティバルに入選。２００１年以降はメジャー映画会社と契約し、『愛のむきだし』『冷たい熱帯魚』『ラブ＆ピース』など、作家性の強い映画作品を世に送り出す。最新作は自ら設立したシオンプロダクションの第1作『ひそひそ星』。

# 憲法は生活の普段着

まず、若者から詰問《きつもん》されたことから聞いて下さい。日本側が満州事変（1931年）と呼んだ中国への攻撃からポツダム宣言受諾《じゅだく》（1945年）まで一五年間の日本の軍事行動は、現代の歴史感覚からすれば正義の主張はひとかけらもない。無残な結果に終わることは明白だったのではないか。それなのに新聞社とそこで働く記者たちは、なぜ日本の前途を憂《うれ》えて報道するべき事実を報道し、提案するべき論説を政府に提示しなかったのか、と。私はそんな経験を重ねながら、私たち旧世代が生きた日本の政治行動、社会構造は大日本帝国憲法によってどのように作られていたかを調べ、その事実を踏まえて戦時を考える戦後世代の若者の出現を期待した。残念ながらそういうところに踏み込んで考える若者に今のところ会っていない。

大日本帝国憲法は1889年に発布され、第二次世界大戦の終了まで効力を持っていた国家の基本を定めたものです。一般的な教科書にある特徴は、主権が天皇にあって、国民

## むのたけじ

（ジャーナリスト）

が「臣民」と呼ばれ、その権利は法律によって制限されていたことです。国務大臣や官吏は天皇が任命し、議会は政府を組織する権限を持っていなかった。外国と条約を結んだり、戦争を始めたりすることもすべて天皇の権限であり、とくに軍部は天皇に直属するものとして、政府からも独立していたことなどです。

当然、先の一五年間の戦争はこの憲法のもとで行われました。大日本帝国憲法体制では、戦争の真実も予想される国家の運命も新聞で取り上げるには、治安維持法により会社は解散させられることを、当人は死を覚悟しなければならない社会でした。そのような社会では正義はないのです。だから、正義のない社会に逆戻りさせないためにも、どうしてそのような社会構造ができたかを若者には勉強してもらいたいのです。戦争を始めさせたくないのなら、戦争を起こさせない社会体制を作ることです。

そこで、このたび選挙権を手にした18歳、19歳の皆さんにまず言いたい。あなた方の選挙権はある年齢に達した褒美《ほうび》ではないのです。それは、あなた方が国家の主権者として現在の日本の社会体制が自分の思い、願いと合致するのかしないのかを意思表示して、社会をよい方向に導く役割と責任果たすためにあることをわかってほしい。

そのために大切なことは、主権者個人としての判断と行動に加え、主権者たちみんなの相互関係がどうなっているか、です。社会のあり方について、国民が互いに望むこと願うことを自由に語り合える関係が大切ですね。そういう状況を保証するには、知る自由と語り合う自由がどこでもいつでも保証されなければなりません。それを妨《さまた》げるものは何か。

ここで、日本国憲法第14条に注目したい。そこには、すべての国民は平等であって、人種、信条、性別、社会的身分又は門地により、政治的、経済的関係において、差別されないことを保証しています。それはなぜか。

国家権力は成長するにつれて、種々の問題で国民と国家とが対立するようになります。そのときに、国民が一致結束して国家権力と対立することを国家は最も望まないのです。そのために、国民の内部に対立を持ち込んで分裂させる工作をしばしばしてきました。江戸時代の士農工商の身分差別が代表的例ですが、それ以後も特定の人々に根拠のない侮《ぶ》辱《じょく》を加えて差別したり、富める者と貧しい者との対立を深めさせたりして、国民の分裂を図ります。このようなマイナス政策が続くならば、憲法の全文が内容のない空《むな》しい作文になってしまいますね。だからこそ、憲法第14条はすべて国民の立場の平等、無差別をきっぱりと保証しているわけです。けれども、差別のない社会は法文で叫ぶだけでは実現しないのです。そこで、私たちは何をなすべきか？

私は1915年に生まれて1936年からジャーナリズムの道を歩いていろいろな社会状態を見てきました。その経験で、歴史のすべては人間それ自身から始まることを痛感します。今、世界に73億人の人間がいると言われていますが、むのたけじは、たった一人なのです。いかなる技術や財宝を使っても同じものが作れないのです。人間は掛け替えのないものです。このことを思えば、だれでも自分が人間であることに誇りと責任を感じるでしょう。誇りと責任を感じて働く人たちは、必ず社会の希望を開拓します。そういう人々は必ず他人を尊敬し、一緒に学び合い、いたわり合い、励まし合います。差別のない社会は国民が人と関係するときの態度を変えるだけで大きく前進します。若い皆さんは、戦争放棄した憲法九条のもと、戦後70年、ひとりの戦死者も、他国民を一人も戦死させない中で、生まれ育ったのです。きっと、そうした人間関係を理解し、築いてゆけると思います。

憲法は社会を作る道しるべとなるもので大事なものですが、それに血を通わせるのは国民の生活態度です。そうですね。憲法なんて生活の普段着、そうしないといけませんね。

**むのたけじ（武野武治）**　1915年、秋田県生まれ。36年に東京外国語学校を卒業後、報知新聞、朝日新聞で働き、45年8月、戦時報道のケジメで朝日新聞を退社。48年から30年間秋田県横手市で週刊新聞『たいまつ』を発行。2012年、その活動により「イーハトーブ賞」を受賞。百歳を超えてからの著書に『むのたけじ 100歳のジャーナリストからきみへ（全5巻）』『日本で100年、生きてきて』がある。

# ある自由主義者の遺言

日本軍隊においては、人間の本性たる自由を抑えることを修業すれど、謂《いわ》く、そして自由性をある程度抑《おさ》えることができると、修業ができた、軍人精神が入ったと思い、誇らしく思う。およそこれほど愚かなものはない。人間の本性たる自分を抑えよう抑えようと努力する。何たるかの浪費《ろうひ》ぞ。自由性は如何《いか》にしても抑えることは出来ぬ。抑えたと自分で思うても、軍人精神が入ったと思うても、それは単に表面のみのことである。心の底には更《さら》に強烈な自由が流れていることは疑いない。

いわゆる軍人精神の入ったと称する愚者《ぐしゃ》が、我々に対しても自由の滅却《めっきゃく》を強要し、肉体的苦痛もその督戦隊《とくせんたい》※としている。しかしながら、激しい肉体的苦痛の鞭《むち》の下《もと》に頼っても、常に自由は戦い、そして常に勝利者である。我々は一部の愚者

上原良司
（元学徒兵特攻隊員、故人）

が、我々の自由を奪おうとして、軍人精神という矛盾の題目を唱えるたびに、何ものにも屈せぬ自由の偉大さを更《あらた》めて感ずるのみである。偉大なる自由、汝は永久不滅にて、人間の本性、人類の希望である。

（昭和十九年十一月十九日　最後のメモ・ノートより）

※督戦隊：退却、逃亡する兵士を処分して、戦闘に駆り立てる役割を持つ。

## 出撃の前夜記す

明日は自由主義者が一人この世から去って行きます。彼の後姿《うしろすがた》は淋しいですが、心中満足で一杯です。

（昭和二十年五月十日　鹿児島県知覧《ちらん》飛行場にて）

**上原良司（うえはら・りょうじ）**　1922年、長野県生まれ。慶応義塾大学経済学部に進学。43年、学徒出陣で松本第50連隊に入隊。45年、陸軍特別攻撃隊第56振武隊員として沖縄県嘉手納（かでな）湾上の米海軍機動部隊に突入、戦死。

本文中のルビは、編集部の判断で付けさせていただきました。ご了承ください。

選挙に行け、とか言われると行きたくなくなるよね。じゃあ、選挙に行くなよ。絶対行くな、とか言ってみる。奨学金を借りている人がいてもオレには関係ないし、保育園の待機児童とか全然オレには関係ないし、戦争とか憲法のことも、原発とかもどうでもいいよ。6人に1人が生きていくのも厳しいぐらい貧困状態らしいけど、そんなことは知らん。社会なんでどうでもいい。ということで、もう行くなよ選挙。

でも、もし、なんか気になることがあるなら、一つでも言いたいことがあるなら、選挙に行こう。3人ぐらい連れて行こう。大声で叫んで行こう。

**奥田愛基（おくだ・あき）**　1992年、福岡県生まれ。学生運動を行う市民活動家。2015年5月、平和安全法制（安保法制）に反対する「自由と民主主義のための学生緊急行動（SEALDs）」を結成。12月には、政党への政策提言などを行う一般社団法人「ReDEMOS（リデモス）市民のためのシンクタンク」を設立、代表理事に就任する。16年4月、大学院修士課程に進学。

# 奥田愛基

（市民活動家、SEALDs、ReDEMOS）

あとがき

白状します。

この本、18歳、19歳の皆さんに向けて――と銘打《めいう》っているものの、本当の狙いは「僕自身の勉強」でした。ノンポリを絵に描いたような人生を送ってきた僕は「政治リテラシー的」には皆さんと同じ地点に立つ一人です。そして「最近の日本、なんか変だけど、どうすればよいのか？」と悩む僕のために、あろうことか、各分野から30名もの先生方をお呼びして、マンツーマン指導をしていただいたわけです。お陰で少～しずつ糸がほぐれてきた気がしてますが、それは「パブリックビューイング」でご覧になった皆さん（！）も同様ではないでしょうか？

本書を作るにあたり、そもそも、どこから手をつけてよいのかもわからぬ段階から、数々のアドバイスをいただき、その背骨となる巻頭言・各解説文に熱筆を振るってくださった津田大介さんに、最大限の感謝をさせていただきます。そして超多忙の中、ご寄稿いただいた皆さん、貴重なショットをご提供いただいた写真家の皆さんに、心からお礼申し上げます。さらに、この硬派な内容を手に取りやすいパッケージとすべく、最高のイラストを上げてくださった江口寿史さん、最良のブックデザインで仕上げてくださった祖父江慎さん、鯉沼恵一さんにも、心からの感謝を申し上げます。最後に、本書タイトルの生みの親としてのみならず、取材音源の書き起こし等、多方面でご助力くださった「世紀のプロジェクト」の羽倉佳代さんに、心からお礼申し上げます。

僕はよく雪のことを考えます。

最初のひとひらの雪は、地表に落ちた瞬間に解けて消えます。次のひとひらもそう。次の次もそうです。そして次の次の次も……。しかし、いつしか辺り一面は白銀の世界に変わっているのです。投票もそういうことだと思うのです。自分の一票なんて、一瞬で消える雪でしかない。でも、今の僕たちに必要なのは「来《きた》る銀世界を信じながら、最初に地面に飛び込んでいく、雪のひとひらになれるか？」なのでは、と。

ブルーシープ編集：江上英樹　２０１６年６月１日

# はじめて投票するあなたに、読んでほしい本があります。

**本書は政治や選挙への入門書として作られたものだから、読んでいて「このジャンルをもっと深く掘りたい！」「この人の考えをもっとよく知りたい！」と思うことが多々あると思います。そんなときの「参考図書」（一部映像もあります）を、寄稿者の皆さんと編集部で選んでみました。投票前でも後でもいいから、ぜひ読んでみてください。**

## 憲法と民主主義

『そして、メディアは日本を戦争に導いた』**半藤一利・保阪正康（文春文庫）**
「メディアがあおり立てた熱狂が日本を戦争の破滅に導いた。」（海渡）

『アジア・太平洋戦争史 同時代人はどう見ていたか』（上・下）**山中恒（岩波現代文庫）**
「同時代の庶民の目線で、戦争がなぜ避けられなかったのかを検証。」（海渡）

『秘密保護法対策マニュアル』**海渡雄一（岩波ブックレット）**
「秘密保護法体制の中で、市民が知っておくべき基礎知識を解説。」（編）

『H・G・ウェルズと日本国憲法 種の起原からヒロシマまで』**浜野輝（思索社）**
「岩井氏が本書で語った〝SF作家の生涯と日本国憲法の関係〟を詳細にたどる一冊。」（編）

『日本人は民主主義を捨てたがっているのか？』**想田和弘（岩波ブックレット）**
「橋下現象とは？ 安倍政権の本質とは？ 日本社会の直面する危機を鋭く説く。」（編）

『選挙』『選挙2』**【DVD】監督：想田和弘（紀伊國屋書店）**
「地方議会選挙に挑む候補者の姿を〝観察〟するカメラに、日本の縮図が浮かぶ。」（編）

『第二次世界大戦』（1）～（4）**ウィンストン・S・チャーチル（河出文庫）**
「ノーベル文学賞を受けたチャーチルの回顧録は、英国的成熟を知る上では貴重な資料です。」（茂木）

『本当の戦争の話をしよう 世界の「対立」を仕切る』**伊勢崎賢治（朝日出版社）**
「自民党政権の安全保障政策がいかに不完全で、むしろ日本を危機に追いやるかがよくわかる。」（島田）

『永続敗戦論 戦後日本の核心』**白井聡（太田出版）**
「対米従属を唯一の政治方針とすることの愚かさを歴史的に批判する若手論客の提言。」（島田）

『虚人の星』**島田雅彦（講談社）**
「二重人格の若き総理が二度狂って、まともになる政治風刺小説。」（島田）

『独裁体制から民主主義へ 権力に対抗するための教科書』**ジーン・シャープ（ちくま学芸文庫）**
「選挙があるということが当たり前だと思っている人も多いでしょうが、それが無い社会はどんなものなのか、そして〝自由〟がなぜ大切なのかも考えてみましょう。」（谷口）

『日本国憲法 大阪おばちゃん語訳』**谷口真由美（文藝春秋）**
「すんません、自分の本なので恐縮ですが、割とわかりやすいみたいです（笑）。」（谷口）

『ガチで立憲民主主義 壊れた日本はつくり直せる』**水上貴央・中野晃一・奥田愛基（集英社インターナショナル）**
「立憲主義を取り戻すため、近い未来に向けた新しい〈政治参加〉への仕組みを提案。」（編）

『民主主義ってなんだ？』**高橋源一郎 & SEALDs（河出書房新社）**
「国会前デモで話題の学生団体SEALDsが、作家・高橋源一郎と語り合う〝自由〟と〝民主主義〟。」（編）

『SEALDs民主主義ってこれだ！』**SEALDs（大月書店）**
「ムーブメントの渦中《かちゅう》で、メンバーの素顔と肉声を記録した初のビジュアルドキュメント。」（編）

**『変える』** 奥田愛基（河出書房新社）

「SEALDs 創設メンバー、奥田愛基初の単著。失われた20年に生まれ育った、新時代の旗手の怒りと祈り。」（編）

**『憲法の無意識』** 柄谷行人（岩波新書）

「憲法第九条をフロイト後期から考え、意識で動かすことのできない領域にあると論じる。スリリング。〈世界の主《ぬし》〉とはコントロールできない〝何か〟である、と考えてもいいでしょう。」（いとう）

**『来るべき民主主義 小平市都道328号線と近代政治哲学の諸問題』** 國分功一郎（幻冬舎新書）

「小平市の道路計画を小平市民の住民投票で変更しようと実践し、おかしな形で不成立にさせられた事実。その裏にある近代政治の欠陥を、哲学者が運動参加者として原理的に考える一冊。」（いとう）

**『高村光太郎』** 吉本隆明（講談社文芸文庫）

「遠藤氏に多大なる影響を与えた知の巨人・吉本隆明。彼が高村光太郎の生涯、芸術、思想を論じ、その思想的破綻《はたん》を、強靱《きょうじん》な論理でえぐり出す初期の代表的作家論。」（編）

**『一九八四年』** ジョージ・オーウェル（新訳版 ハヤカワ epi 文庫）

「憲法を守る（立憲主義）とは民主主義を大切にすることでもある。これが崩れたとき社会はどうなるのか。SF的な古典だけど、読みながらまさしく今のこの国の現状を言い当てていると気づくはずだ。」（森）

**『鋼の錬金術師』** 荒川弘（ガンガンコミックス）

「国家とは何か。なぜ人は戦争と縁を切れないのか。独裁者でホムンクルスでもあるキング・ブラッドレイの孤独を知るだけでも意味がある。」（森）

**『日本国憲法』**（小学館ほか）

「いろいろな出版社から出ているのでそれでもよいし、インターネットで公開されているものでもよいです。ご自身の好みで選んで下さい。日本国憲法の全文を読んで、とにかく自分で問題点を発見することです。」（むの）

## 原発とエネルギー

**『田坂教授、教えてください。これから原発は、どうなるのですか？』** 田坂広志（東洋経済新報社）

「官邸で福島原発事故対策に取り組み、総理に〝脱原発依存〟の政策を進言した元内閣官房参与である田坂氏が〈Q＆A〉形式でやさしく語る原発の未来。」（編）

**『電力の社会史 何が東京電力を生んだのか』** 竹内敬二（朝日選書）

「極論と感情に走りがちな原発関連本とは一線を画す、冷静な事実に向き合う新聞記者ならではの書。」（稲垣）

**『私の愛した東京電力』** 蓮池透（かもがわ出版）

「東電の元社員として福島第一原発を熟知している蓮池氏が重大事故に際して、その葛藤《かっとう》を超え責任をとるために〝原発は自滅する〟という信念を公《おおやけ》にした一冊。」（編）

**『原発のウソ』** 小出裕章（扶桑社新書）

「蓮池氏が東電在職中には敵視していたという小出氏の著書。危険性を訴え続けて40年〝不屈の研究者〟が警告する原発の恐怖。」（編）

**『日本のエネルギー、これからどうすればいいの？（中学生の質問箱）』** 小出裕章（平凡社）

「原発が爆発してから様々な情報が錯綜《さくそう》しましたが、京都大学の助教だった小出先生の出していたメッセージや著書はすごく信頼でき、また未来に対して希望のもてる言葉に救われる思いでした。その姿勢をとても尊敬しています。本書は中学生にわかりやすく、これからのエネルギーについて説明されています。」（熊谷）

**『福島第一原発観光地化計画（思想地図β vol.4-2）』** 東 浩紀・開沼 博・津田大介ほか（ゲンロン）

「チェルノブイリでの取材を踏まえて、3・11で深刻な事故を起こした福島第一原子力発電所の跡地と周辺施設を、後世のために〝観光地化〟すべきであるという提言の書。」（編）

**『想像ラジオ』** いとうせいこう（河出文庫）

「〝あなたの想像力の中〟だけで聴こえるラジオ番組。東日本大震災を背景に、生者と死者の新たな関係を描き出した、いとう氏の代表作。」（編）

**『No Nukes ヒロシマ ナガサキ フクシマ』**（講談社）

「島本氏が編集に参加した〝紙とインクでできた平和ミュージアム〟。坂本龍一さん、吉永小百合さん、重松清さんらの心のこもったメッセージと美しい写真が一冊に。」（編）

**『お母さん、いい加減あなたの顔は忘れてしまいました』**【映画】遠藤ミチロウ（上映中）

「還暦を迎えた2011年、東日本大震災が起こり、故郷・福島は地震、津波、原発事故に見舞われることになった。それまで故郷を顧《かえり》みることのなかった遠藤氏が〝プロジェクトFUKUSHINA!〟を始動。男の生きざまを描くロードドキュメンタリー。」（編）

『希望の国』【DVD】園子温（松竹）

「3・11直後、クリエーターが皆呆然とする中で唯一、被災地をフィクションとして撮った園子温は凄い。」（遠藤）

## 沖縄と基地

『琉球独立論』松島泰勝（バジリコ）

『沖縄独立宣言 ヤマトは帰るべき「祖国」ではなかった』大山朝常（現代書林）

『醜い日本人 日本の沖縄意識』大田昌秀（岩波現代文庫）

「この3冊とも、日本政府による「対沖縄政策」の劣悪さがわかる。」（大田）

『それってどうなの？ 沖縄の基地の話。』沖縄米軍基地問題検証プロジェクト（市販せず）

「インターネットで流布《るふ》される根拠のないうわさを集めて反証した冊子（100円）です。大学教授やジャーナリストが根も葉もないうわさに真面目《まじめ》に答えています。米軍基地の運用実態、中国脅威論、抑止力、安全保障といったさまざまなジャンルで、正しい情報を提供しています。市販されていません。問い合わせはメールで okirumor2016@gmail.com」（屋良）

『虚像の抑止力 沖縄・東京・ワシントン発 安全保障政策の新機軸』柳澤協二ほか（旬報社）

「これまでにない切り口で抑止力論を分析しています。中国の防衛力強化に対抗しないと日本は危ない、という敵味方論の危《あや》うさ、日本の偏った議論を検証しています。抑止という言葉が躍る日本の安全保障論に一石を投じています。」（屋良）

『誤解だらけの沖縄・米軍基地』屋良朝博（旬報社）

「沖縄の米軍基地の75％を占有する米海兵隊。これほどの存在感にもかかわらず、日本では彼らが何をしているのか、なぜ日本にいるのかさえ知られていません。メディアも報道してくれません。海兵隊を解剖し、沖縄基地問題の深部に迫ります。そして沖縄問題の抜本的な解決策を提案しています。」（屋良）

『白梅学徒隊 きくさんの沖縄戦』平和を語りつぐ会（沖縄県退職教職員会女性部）

「中山さんの体験をもとにした絵本（比嘉美津枝 文・磯崎主佳 絵）。子どもに戦争の悲惨さ、平和の尊さを伝えんとする祈りの一冊。」（編）

『沖縄戦の全女子学徒隊 次世代に遺すもの それは平和…』青春を語る会（フォレスト）

「〝ひめゆりの塔〟で知られるひめゆり学徒隊をはじめとして、沖縄には9校の女学生による女子学徒隊なるものがあった。その生存者による証言集。」（編）

『水滴』目取真 俊（文春文庫）

「ある日、右足が腫《は》れて水が噴き出した。夜ごとにそれを飲みにくる男たちの正体は？――沖縄戦の記憶と今の日常が交錯《こうさく》する、芥川賞受賞作。」（編）

『沖縄「戦後」ゼロ年』目取真 俊（生活人新書）

「今から10年前に〝沖縄は戦後になってない〟と説いた本書。それから10年たっても、同じことを筆者は訴えている。」（編）

『人魚に会える日。』【映画】仲村颯悟（公開中）

「我ながら、本作には沖縄をめぐる多くの思いや意見が凝縮されていると思います。」（仲村）

## 差別と貧困・その他

『ヘイトスピーチ 「愛国者」たちの憎悪と暴力』安田浩一（文春新書）

「現場を見続けてきたジャーナリストならではの、迫力あるルポ。いま日本で起きているヘイトスピーチや差別の現状がよくわかる。」（香山）

『ヘイト・スピーチとは何か』師岡康子（岩波新書）

「世界にも差別はあるの？ どうしてヘイトスピーチはいけないの？ 基本的な問題をこの分野の第一人者である弁護士が解説している。」（香山）

『NOヘイト！ カウンターでいこう！』のりこえねっと（七つ森書館）

「差別はいけない。ではヘイトスピーチはどうすればなくなるのか。これまで第一線で差別をなくすために活動してきた人たちのリアルな言葉。」（香山）

『定本 北條民雄全集』（上・下）（創元ライブラリ）

「ハンセン病に冒され、文学への志を高く持ち続けながらも、24年のその短い生涯を癩院《らいいん》で終えた天才作家・北條民雄。その全作品を完全文庫化。」（編）

『隔離の記憶』高木智子（彩流社）
「ハンセン病により、隔離施設内で想像を絶するような絶望の人生を生き抜いた人たち。あまりに力溢《あふ》れる彼らの言葉と人生を丁寧《ていねい》につむいだ、渾身《こんしん》のルポルタージュ。」（編）

『あん』ドリアン助川（ポプラ文庫）
「〝誰にも生まれてきた意味がある〟――ハンセン病を扱いながら、それを歴史の事実としてではなく、今を生きる我々とやさしく、かつ力強く結びつけて活写。」（編）

『苦海浄土』石牟礼道子（新装版：講談社文庫）
「差別と偏見を引き起こした文明の病《やまい》・水俣病。この地に育った著者が、その苦しみを自らのものにしてつづった〝命と尊厳の文学〟の金字塔。」（編）

『常世の舟を漕ぎて 水俣病私史』語り：緒方正人、構成：辻信一（世織書房）
「水俣病をめぐる運動に身を投じてきた一人の漁師、緒方正人。水俣病の歴史と重ね合わせるように語られる彼の人生。」（編）

『お金さえあればいい？ 子どもと考える経済のはなし』浜矩子（クレヨンハウス）
「エコノミストである浜氏が、初めて子どもたちに語る経済哲学。〝エライ〟ひとはまちがっています！…その〝エライ〟人とは？」（編）

『心の深みへ「うつ社会」脱出のために』河合隼雄・柳田邦男（新潮文庫）
「柳田さんはとても尊敬する作家ですが、個人的にもお会いする機会があり、僕自身も何度もいろんなお話をさせていただきました。ノンフィクション作家として、原発などについても事故調査委員の一人として活動されていますが、本書は僕自身多大な影響の受けた心理学者の河合隼雄先生との対談になります。タイトルの通り心の深いところを自らが知り、これからの生きるヒントになるのではと思います。」（熊谷）

『王様は裸だと言った子供はその後どうなったか』森達也（集英社新書）
「童話のパロディ集。自分が裸だと気づいた後、王様はどうしたのだろう。なぜ桃太郎は鬼ヶ島を襲撃したのだろう。幸福の王子は何をしたかったのだろう。視点が変われば世界も変わる。一緒に想像してほしい。」（森）

『魂の退社 会社を辞めるということ。』稲垣えみ子（東洋経済新報社）
「3・11で始めた清貧生活。そして退社。会社とは、お金とは、人生とは何かを問う。笑って泣けて考えさせられて最後に元気が出る本。」（編）

『風の谷のナウシカ』【DVD】宮崎駿（ブエナ・ビスタ・ホーム・エンターテイメント）
「人間が引き起こした環境破壊にどう向き合って生きていくべきかを考える上での私の原点です。」（稲垣）

『日本人が韓国でフリーハグをしてみた』【YouTube】桑原功一
「〝平和のためにハグをしよう〟というメッセージと、日本と韓国の国旗を描いたボードを韓国ソウルの路上で掲げ、人々はどんな反応を示すのかを映し出した社会実験動画。人々の意外な反応に、韓国に対するイメージを考え直す機会を与えてくれる作品。」（桑原）

『Where the hell is Matt?』【YouTube】マシュー・ハーディング
「一人の青年が世界中でいろんな人たちと一緒にダンスをするというシンプルな動画。国籍、人種、年齢、性別などの違いがあるからこそ、この世界は素晴らしいということを、言葉を使わずにたった五分間で表現した感動の作品。」（桑原）

『戦争絶滅へ、人間復活へ 93歳・ジャーナリストの発言』むのたけじ（岩波新書）
「従軍記者体験を踏まえ、憲法九条のもう一つの意味、社会主義への見方、そして未来を照らす希望のあり方を語る。」（むの）

『99歳一日一言』むのたけじ（岩波新書）
「日々の過ごし方から仕事への心構え、政治参加、さらには99歳を超えての心境、男と女の機微《きび》まで、80年近いジャーナリスト経験から得たものを語った語録集です。」（むの）

『きけわだつみのこえ 日本戦没学生の手記』（新版 岩波文庫）
「新たに参政権を持つ皆さんとほぼ同世代で、戦場にかり出された学徒兵たち。最後まで鋭《えい》敏《びん》な魂と明晰《めいせき》な知性を失うまいと努め、祖国と愛する者の未来を憂《うれ》いながら死んでいった若き魂の声を聞け。本書収録の上原良司氏はその冒頭を飾る。」（編）

『あゝ祖国よ恋人よ きけわだつみのこえ 上原良司』著：上原良司、編：中村博昭（新版 信濃毎日新聞社）
「長野県の穂高で育ち、沖縄の海で若き命を散らした学徒兵・上原良司。彼の書き綴った遺書、日記類を編集した本書を読むと、〝自由〟は空気のようなものではなく、強い意志を持って自らのものにすべき宝物であることを教えられる。」（編）

※「映画公開中」は2016年6月現在の情報です。

# はじめて投票するワレワレ座談会

今回新たに選挙権を得た18歳、19歳。その当の本人たちに、今の日本の政治についてどう思っているのか、率直に語ってもらった――。

司会：江上英樹　構成：飯田一史

## 政治に興味を持った理由

**今日は、北海道にある私立校の卒業生である太田有香さん（18歳）にお願いして、現在、同じ都内の大学に通う遠山幸佑（19歳）君と酒井直人（18歳）君にも来ていただきました。**

**太田**　入学して間もないのですが、とにかく授業でハキハキしゃべってるなと思った子に声をかけました（笑）。

**日常で政治の話は……？**

**太田**　しないですね。

**まあ、そうだよね。遠山君と酒井君が政治に興味を持ったきっかけは何ですか？**

**遠山**　高校3年の春にTVで安保法案が通るかもしれんと知って、下宿のおばちゃんに話したら、おじちゃんが共産党員だということで、いろいろ教えてもらったんです。で、これはいかんと思って「天皇に会いに行く」って担任に言ったら「天皇、関係ないぞ」って（笑）。それであれこれ調べて、夏休みに新宿でやってるちっちゃいデモに参加したりしました。大学では民青（日本民主青年同盟）に入ったんですけど、将来は政治家としてやっていきたいです。

**いきなりの猛者《もさ》登場だ（笑）。酒井君は？**

**酒井**　僕は親戚《しんせき》のおじちゃんが選挙に出るから政治に興味を持って、YouTubeで調べていたらKAZUYA Channel《チャンネル》を知って。TVのニュースとネットの動画では違う考えが出てくるし、動画のコメント欄も賛成、反対いろんな意見があって、それで気になったらさらにネットで調べたりしています。今は本当に知識がほしいですね。何が正しいのか、間違っているのかがわからないので。自分で意見が言える側に立ちたいと思っています。

## 政治についての情報源

**この本に出てるメッセージをいくつか読んでもらったけど、そもそも知ってる人はいた？**

**遠山**　いなかったですね。

**酒井**　僕もです。

**太田**　茂木健一郎さんといとうせいこうさんくらいは……。

**やっぱ世代が違うんだな。**

**遠山**　これ読んでて「あれ、この話ないんや」と思ったのは、ブラックバイトと保育関係、奨学金のことですね。どれも自分たちに身近なところなので。今ちょうどバイト探してますけど、怖いです。あと日本だけ先進国の中で学費が高いし、奨学金も返済義務があるやつばっかりだし。

**よく調べてるね。ところで、皆さんは政治についての情報は、どこから得てるの？**

**太田**　テレビですね。あとはLINEとかいろんな情報が載ってるアプリでもニュースを見ます。そっちのほうが文章で詳しく書いてますし。それとTwitterも多いですね。RT《リツイート》されてきたのを見て、テレビではやってないリアルな現地情報を知ったり。

**遠山**　自分はTVとかネットがあんま好きじゃないので、友達か、下宿のおじちゃんが紹介してくれた政治家か、民青で知り合った人とか、あとはたまに親からですね。自分が政治に興味があると伝えとるんで「おまえはこのことについてどう思うんや？」って聞かれたり。地元に、おじいちゃんが自民党員の友達がいるから、そっち側の人とも話をして勉強したり。

**酒井**　僕はYouTubeとか、LINEのニュースとかです。

**新聞は……？**

**太田**　取ってないです。

**遠山**　香川県の実家では取ってたんで、地元に帰ると四国新聞を。

**酒井**　実家では取ってたんですけど、僕も今は読んでないです。

**デモってどう思いますか？　遠山君は去年行ったみたいだけど……。**

**遠山**　はじめは「これ、意味あるんかな？」って思ったんです。でも自分が最年少だったのでマイク渡されてしゃべらせてもらったりしよるうちに、自分の思ったことを発言できることの大切さを実感して。デモは道を通るたびに、人に声を聞いてもらえることが大事だなと思います。

**太田さんはSEALDs《シールズ》とかT-ns SOWL《ティーンズ ソウル》とか、年が近い人たちのデモや政治活動についてはどう思う？**

**太田**　いや、私、詳しくなさすぎて。デモも行ったことないですし。でも今の政治がよくないとは思ってるんです。濁ってるように見える。向こう側からはいろいろ通してくるけど、一方通行じゃないですか。何十年かたった後に「あの頃が分かれ道だったよね」ってなりそうな不安感はあります。報道に規制がかかるとかって「ほんとに日本で起こってることなのかな？」って。日本はもっとあったかい感じだと思ってたのに。政治家と一般の人たちの感覚と差がありすぎるし、本当のところが見えない。今、活動を起こしている若い人たちは、そこを叩《たた》いていって、それで年配の方たちも賛同して。だから、もっともっと言えばこっち側の意見も通るんじゃないかなって思って……。熱くなりました。

## 原発についての実感

**酒井**　僕は原発銀座といわれる福井県出身だったので、高校のとき原発反対のデモをしょっちゅう見ていたんです。でも東日本大震災の前は全然なかったし、自分も震災が起こる前は「原発がなかったら何で発電するんだ？　火力だと$CO_2$が出て環境に悪いし」って思ってたんです。高校のときに原発について調べて、授業で発表したことがあるんですよ。なぜ福井に原発が多いかというと「原発は絶対安全」っていう触れ込みがあったから、みんな受け入れたんです。だけど東日本大震災で「絶対安全」ではなくなった。原発事故があったら人が住めなくなる。僕の実家も原発から20㎞圏内だし。今は親も周りもみんな原発反対ですね。

**この前、裁判所が運転差し止めを命じたりとか、酒井君の地元、揺れてるね。**

**遠山**　僕はこの前、福島に行って第二原発の近くの寺に戻ってきたお坊さんの話を聞いて。小さい頃、僕は親から「寺に行け」って放り込まれたことがあって（笑）、そのとき「坊さんは憎悪《ぞうお》を持ったらいかん」って教えられたんです。でもそのはずのお坊さんですら、言葉の端々に感情がにじみ出てくるんです。「原発事故が起きてから、壊れる人間関係が多い。故郷を捨てるか、残るかで夫婦や友達の関係がおかしくなる」と。被災地域によっては被災者は月々10万円もらえるらしいんですけど、「でもわしの孫は運動会で走ったら『10万円が走っとる』とバカにされる」って泣きながら話す人もいるんです。あと、自分でもガイガーカウンターで計ってみて「ここに住んだら、東京の何倍もの放射能をずっと浴び続けて、それを常に心配せんかったらいかんのか」と思って。きついですよね。汚染された土も袋詰めでそのへんに積んであったりして、どこが復興かと。行ってみて、地元の人じゃないとわからん悲惨さをすごく感じました。

## 沖縄と戦争反対への思い

**太田**　私は大分県出身なんですけど、修学旅行で行って以来、沖縄が好きで。将来は住みたいと思ってるんです。修学旅行でガマ（敵襲を避けるために使用した洞窟）の中に入らせてもらったときに、ひたすらその時代にいる想像をしてたんです。すごい暗くて、外では戦争していて、ギュウギュウ詰めのなかみんなおなかすかせていて……って考えると、怖くなって。戦争で生き残った人が「友達が目の前で死んだ」って言うのを聞いて、もし私の友達が死んだらどうしよう、って想像しましたし。だから沖縄のことと安保のことは、めちゃめちゃ知りたいです。

**遠山**　僕も沖縄には中学と高校の修学旅行とかで行きました。遠足で広島の原爆ドーム見に行ったりしたこともあったし、ひいばあちゃんが生きてた頃はひたすら「戦争はいかん」って泣きながら話すのを聞いてました。沖縄の基地を辺野古《へのこ》に移設するにしてもジュゴンが住んどる自然環境が壊される問題もあるし、簡単じゃないですよね。

**太田**　ジュゴン？　そうなんだ。それ知りたい。今度教えて？

**遠山**　え？　うん（笑）。

**酒井**　僕は、米軍基地は住民の人からすれば騒音とか危険があるのでイヤだと思うんですけど、中国とか北朝鮮が攻めてきたときには必要なのかな……と今は思っています。ただ、親戚のおじいちゃん、おばあちゃんで、戦争を体験した人から話を聞いて、戦争はいけないことだとはすごく思っています。

## 選挙は行く？　行かない？

**最後に。皆さんは選挙に行こうとは思っていますか？**

**太田**　行きます。夏ですよね？　もっと勉強したいです。まだ自分の中に「この人だから投票したい」みたいなのがないというか、正直、どの人が何の主張をしてるのか、区別がつかない。

**酒井**　選挙に行きたくて「地元からこっちに住民票移して」って親に言ったんですけど、移してくれなかったんです。だから大学4年間は勉強をして、そのあと投票しようと思います。

**遠山**　選挙は行かんかったら、自分に関わってくれている人に怒られるんで（笑）。前に話を聞かせてもらった共産党の国会議員で「すごい」と思う人がいて。言葉だけなら知識があれば言えると思うんですけど、その人は本音というか、気持ちが伝わってきて。ほかにもそういう人がいたら、入れたいですね。

（2016年5月14日：ブルーシープ事務所にて）

# いまさらきけない（？）選挙の基礎知識

特に★マークは、2016夏の選挙に関するもの。要注目!!

回答：ブルーシープ編集部（監修：水上貴央・竹内彰志）

## Q1 参議院と衆議院、なぜ二つも「院」があるの？

多くの先進国の国会は「二院制」というシステムを採ってます（その二つの「院」の選ばれ方、両者の役割・力関係は国によって少し異なります）。これは法律や予算など国民にとって重要なことを決める場合、一つの場所（院）で話し合うだけではなく、別の場所で別のメンバーが、同じ問題を再度話し合うことで、慎重に行うことができるからです。日本では「衆議院」と「参議院」の二つがそれに当たります。1889年に大日本帝国憲法が発布されたときには「衆議院」と「貴族院」がありましたが、「貴族院」は有権者による選挙ではなく皇族議員などが自動的に議員となるほか、貴族の一部だけによる投票で議員が選ばれました。1946年に日本国憲法が発布されて、「衆議院」と「参議院」となってからは、いずれも有権者による選挙で選ばれるようになりました。

## Q2 衆議院と参議院の具体的な違いは？

国会の重要な役割である「内閣総理大臣の指名」「法律の議決」「予算の議決」「条約の承認」について、衆議院は参議院より強い権限があります。つまり衆議院で決まった事に参議院が反対した場合も、もう一度衆議院で決まれば、それは決定となります。

**★衆議院では与党（後述）が過半数を持つ一方で、参議院で野党（後述）が過半数を持つ場合があります。これが「ねじれ国会」と呼ばれるもので、両院で異なる議決が起こってしまい、大事な決めごとがなかなか決まらない事も多くなります。2016年6月現在は両院ともに与党が過半数を持っているので、「特定秘密保護法」「安保法制」のように国民や野党がどう反対の声を挙げても、与党がその気になれば無理やり法案を成立させる事ができます。**

但し「憲法改正案」の議決（議員の三分の二の賛成が必要）に関しては、両院は完全に対等です。

**★だから安倍首相（与党）は、憲法改正をめざすのであれば、その実現のために、まずは衆参両院でそれぞれ三分の二の議席を賛成派にしなくてはなりません。2016年6月現在、与党は衆議院で三分の二を上回ってますが、参議院では過半数は超えているものの、三分の二にはまだすこ～しだけ届いていません。**

また慣例として内閣総理大臣は衆議院議員から選出されます。さらに衆議院だけがもつ権利として「内閣信任決議・不信任決議」があります。これらにより、今の内閣が衆議院の過半数から信任されてないことになれば、その内閣は総辞職するか、その決定をした衆議院を解散して「国民に向かって、この内閣を支持するのか？　それとも内閣に不信任を突きつけた衆議院を支持するのか？　を聞いてみようじゃないか!?」ということで、総選挙（衆議院全員の改選）を行う事になります。衆議院の任期は4年ですが、このように解散があるので、実質任期は平均2年半と言われます。

**★2016年5月31日、野党4党は、安倍内閣に対する不信任決議案を衆議院に提出しましたが否決されました。但し、内閣総理大臣の専権事項（思いのままに決めてよい事）として「衆議院の解散」が認められているので、今回も安倍首相が「野党が内閣を信任しないというなら、国民の信を問うぞ！」と自らの権限で解散総選挙ができる可能性はあったのです。**

一方で「良識の府」と呼ばれる参議院には解散はありません。任期は6年で、3年ごとに半分ずつを改選することになります。

**★2016年夏の参議院選挙では、定数（後述）の半分にあたる121人が改選されます。**

## Q3 衆議院と参議院の人数って どう決まっているの？

現在、衆議院は定数475人。1947年、第1回国会の466人から、沖縄復帰等による人口の増加で511人まで議員数も増えましたが、最近は「そんなに多くの議員はいらないだろう！」という声も多く、さらには地域による人口増減の不均衡を鑑みて、地域による「一票の格差」（後述）をなくして、できるだけ公平にしようという動きもあり、2014年末の総選挙の時点で、それまでの480人から5名減り475人、次の総選挙ではさらに10名減って465人になる予定です。

一方、参議院は定数242人。第1回国会では250人でしたが、衆議院と同様な理由で、追加や削減を経てきました。こちらも「一票の格差」是正が叫ばれ、総数こそ変わりませんが、選挙区ごとに定員を見直し、特に「徳島と高知」「鳥取と島根」は、これまで一つの県が一選挙区だったのを、二つの県を「合区《ごうく》」として一選挙区にまとめることが、2016年の参院選から決まっています。

**★国会議員は地方の意見を中央に届ける役割も負っていると考えると、2016年夏にスタートする合区により「県の代表が院に一人もいなくなるかもしれない」状態はいかなるものか？　という反論もあります。**

## Q4 「一票の格差」って よく聞くけど、なに？

各選挙区に住んでいる人口（あるいは有権者数）と、そこから選ばれる議員の数の割合は完全には一致しません。しかも一旦区割りを決めた後、人口が地方から都市部へ流れたりすると、その割合はどんどん変わってしまい、例えば、1990年の参議院選挙で「神奈川県選挙区」では、議員1人当たりの人口が約200万人だったのに「鳥取県選挙区」では約30万人でした。つまり神奈川の人たちは、鳥取に比べて6倍以上の票で、ようやく一人の議員を国会に送り込む事が出来たわけです。これでは憲法の保障する「法の下の平等」が損なわれるのでは？ということで、是正が行われて、現在では衆議院選挙については最大で2倍程度、参議院選挙では最大で〇倍程度（最新の数字を確認）に抑えられていますが、それでもまだ「違憲」であるという判決が最高裁によって出されています。

## Q5 小選挙区制とか 比例代表制とかって何？

例えば、非常にシンプルに、日本全国を一選挙区にして、国民全員が全候補者の中の一人に投票して、その得票数に応じて全議員を決めるとしたらどうでしょうか？　これなら、国民の意思と完全に比例した選挙結果が出るはずです。完全比例代表制と呼ばれるものです。しかし「候補者は全国をくまなく遊説するのか？」「どんだけ金が掛かるんだ？」「知名度のあるタレントしか当選しないぞ！」「ふたを開けたら、全員が大都市圏の候補者。地方の代表は1人もいないぞ！」…なんてことになるかもしれません（実際に1980年まで、参議院の一部でこの「全国区制」が行われてましたが、これは参議院が「地方の代表」ではなく「良識の府」として学者や知識人を求めたからこそできた事です）。

選挙システムは、できるだけ平等にできるだけ効率的に、国民全体の意0思を集約出来るように模索されてきたものだと言えます。そして現在も決して完成形とは言えるものではありません。しかもこのシステムを変える（定数削減含めて）のが、選挙で選ばれた当の議員自身であるため、自分たちに都合のよいように変革を難しくしているところもあります。

基本的な選挙システムとしては、①「一つの選挙区から1人の当選者を出す選挙制度」である小選挙区制、②「一つの選挙区から2人以上の当選者を出す選挙制度」である大選挙区制、③「一つの選挙区から多数の当選者を出すが、国民の得票率と政党の議席率が一致するように、まずは政党ごとの当選者数を決めて、次に各政党の当選者を決める選挙制度」である比例代表制の三つがあります。

## Q6 それぞれの選挙システムの特徴って何?

かつて日本の衆議院選挙では「中選挙区制」と呼ばれる選挙制度が行われていました。これは「大選挙区制」と同じものですが、一選挙区の当選者数が2～3人と少ないということで「中」と名づけられたようです。

それぞれのシステムには長所と短所があります。例えば、かつて行われていた「中選挙区制」で、一つの選挙区から3人が選ばれるとしましょう。その場合「与党2人」「野党1人」とか「与党1人」「野党2人」というように当選者が出たものです。与党としては選挙区を独占する事はなかなか難しい。つまり、これは与党にとって、国会の圧倒的多数を実現することが難しいシステムとなります。その他、選挙区が大きいので選挙費用がかかるというような理由もあって、1996年に政治改革と称して「小選挙区制」が導入されました。しかし、このシステムでは、同じ選挙区内で1人しか当選できないので、極端な話、全部の選挙区で与党が「51%」の得票を得たとすると、当選者全員が与党議員となります。つまり絶対多数が実現します（一方、国民の与党に対する不信が募り、過半数の票が野党のほうに流れると、今度は全部の選挙区で野党が勝って、政権交代が行われる可能性が生じます。オセロゲームのような感じです）。しかし、そうなると野党側に投票された残り「49%」の票が議席数に反映されず「死に票（0%と同じ）」になるわけです。それじゃ、あんまりということで、比例代表制を併用することになりました。その小選挙区と比例の割合についても議論されて、2016年現在は「全国を295の選挙区に分けた小選挙区制（295人）」と「全国を11の選挙区に分けた比例代表制（180人）」の二つを併用しています。

今の話が衆議院選挙ですが、参議院選挙も同様に、いろいろな改革を経て、現在は全国を一選挙区とする「比例代表制（96人）」と各都道府県を一選挙区とする「中選挙区制（146人）」の併用となっています。が、Q3で記したように「合区」によって、2016年夏の選挙からは「各都道府県一選挙区」の原則は崩れました（但し、定員の増えた選挙区もあり、全体の人数は変わりません）。

**★2016年夏の参議院選で「野党共闘」が叫ばれてますが、これは「中選挙区制」の中で「定数2人（うち改選議席は半分だから1人区となる）」の戦い方についてです。これらは実質的な「小選挙区」であって、全国に32あります。1人しか当選しないとなると、つまりは「与党1人」か「野党1人」しか当選はあり得ません。そうした中で、複数の野党がそれぞれの候補を立てれば、反与党票が分散してしまう。だから、野党が話し合って、候補者を1人にして、ぶつけるのが有効になってくるということです。今回、なんとか一本化が成功しましたが、もし同じ時期に衆議院が解散されたとしたら、今度は300近い小選挙区において、やはり野党候補の一本化を進めなくてはならず、さらに騒然となったはずです。**

## Q7 比例代表制がまだわからないけど?

考え方はQ5で述べましたが、そもそも比例代表制は「政党」（後述）を立候補の単位としているため、「無所属」（政党に属さない候補者）の立候補は基本不可能な制度です。さらに、同じ比例代表制といっても、かつて参議院で行われていたものは「拘束名簿式」と言って、政党名だけ記入すると「ドント式」と呼ばれる計算法で、それぞれの得票数に見合った当選者数が決定されて、あらかじめ順位の書かれた名簿順に従って、各政党の当選者が確定していました。しかし2001年からは「非拘束名簿式」といって、予め名簿に順位はつけずに、しかも投票も「政党名でも個人名でもどちらを書いてもよい」ということになりました。その両方の票の合算で党としての当選者数が決まったら、個人投票が多かった人間から順に当選者を決めていくという方式です。

一方、衆議院で採用されている比例代表制の場合は、小選挙区と比例区の両方に同じ候補者を立てる事ができます。その場合、比例区は「拘束名簿式」なので、最初から順位はついてますが、同順位に複数の人間を立てる事ができます。そして、小選挙区で当選した人間は､名簿から外していくわけです（勝ち抜け）。一方、小選挙区で負けても、比例区で当選するケースも多く、これを「復活当選」といいます。

**★それにしても複雑ですよね。もし今夏、衆参同日選挙が実現していたら、「はじめての選挙」にも拘らず、かな～り煩雑な投票をやらされるところでした。ここまで複雑な選挙制度は世界的に見ても、あまり例がありません。これは、1994年に現在の制度を導入するときに、小選挙区制を導入しようとする政党と、比例代表制を導入しようとする政党の激突があり、その妥協として現在の制度ができたからです。投票所で渡される投票用紙が何枚で、何を書けばいいのか、具体的な自分の選挙区で考えてみましょう。**

## Q8 そもそも政党のことがわからない。与党とか野党って何？

基本的な事を説明し忘れていました。国会等の議会で何かの政策を決定するには、多数決の原則がありますから、同じ意見や考え方と持つ人たちが、団体が作ったほうがその意見は議会で強く反映されることになります。これを「政党」と言って、議会政治が政党によって行われることを「政党政治」と言います。日本のように、内閣（国の政治を行うところ）が国会に対して連帯責任を負う（国会が作った法律をきちんと執行する。国会の不信任決議に対して総辞職か解散を行う）「議院内閣制」のもとでは、衆議院で多数をしめた政党が「与党」と呼ばれて、内閣を組織する事ができます。これを「政党内閣」と言います。そして与党以外の政党は「野党」と呼ばれます。

**★現在、自民党に公明党が加わり「連立与党」を形作って「連立政権」を運営しています。そして組織された内閣は「連立内閣」です。**

## Q9 自民党以外に民進党とか共産党とかいろいろあるけど、それぞれの違いは？

本書のP72で原子力政策について各党の意見の違いが書いてありますが、それ以外にも、防衛、外交、経済…いろいろな問題について、各党はそれぞれの意見を持っています。自分の考え方に一番近い党はどこか？ 具体的に知りたかったら、各党のホームページに「公約」や「マニフェスト」と呼ばれるものが出ているから、ぜひ見てみてください。難しい事もたくさん書いてあるけど、見出しを拾って読むだけでも、その党の方向性は伝わってきます。

## Q10 選挙権が18歳まで引き下げられたっていうけど、これはすごいこと？

世界的に見るとすでに18歳は主流で、中には16歳に引き下げられた国もあります。それと投票する側ではなく、選挙に立候補できる年齢（被選挙権）について、現在、日本では衆議院は満25歳、参議院は満30歳となっていますが、海外では18歳という国も少なくありません。

**★選挙権を下げたなら、被選挙権も下げるべきという議論は当然あります。被選挙権は法律で定めることができますから、各政党が被選挙権引き下げについてどのように主張しているのか、よく見てみましょう。確かに若者の皆さんが「自分たちの代表」を「自分たちの中」から「自分たちの手」で選べたら、もっと選挙は盛り上がるでしょうね。**

## 写真提供&解説

**安田菜津紀（やすだ・なつき）** 1987年生まれ。フォトジャーナリストとして、東南アジアを中心に、中東・アフリカ・日本国内で貧困や災害の取材を進める。近著は『君とまた、あの場所へ シリア難民の明日』。（①⑦⑯⑱）

**齊藤靖行（さいとう・やすゆき）** 1971年生まれ。2009年より沖縄に移住し、水中カメラマンとして、名護市辺野古崎に隣接する大浦湾の豊かな自然をテーマに作品を撮り続けている。（②）

**佐藤 慧（さとう・けい）** 1982年生まれ。ジャーナリストとして、アフリカを中心に取材。写真と文章を駆使し、人間の可能性、命の価値を伝え続けている。近著は3・11で被災した故郷・陸前高田を題材にした『Fragments 魂のかけら』。（③）

**丸田祥三（まるた・しょうぞう）** 1964年生まれ。廃墟、廃線、少女、懐かしい街並などを被写体とし、独特の感性で写真を取り続ける。現在、朝日新聞で写真連載『幻風景』を長期連載中。（⑥）

**森住 卓（もりずみ・たかし）** 1951年生まれ。フォトジャーナリストとして、米軍基地や環境問題をテーマに取材活動を続ける。近著は『福島第一原発風下の村』（写真集）、『やんばるからの伝言』（文：伊佐真次）。（⑧⑨⑪⑭）

**会田邦秋（あいだ・くにあき）** 1990年生まれ。フリーカメラマン（報道情報センター所属）。3・11震災後、原子力、デモ、東北などを取材。16年3月写真展『仮置き場 原発事故5年目』を開催。（⑩）

**山城博明（やましろ・ひろあき）** 1949年生まれ。フリーの報道カメラマン。沖縄を中心に、復帰運動、戦争の爪痕、祭祀、習俗などを撮影。近著は『抗う島のシュプレヒコール』『山猫の棲む島』。（⑬）

**福島菊次郎（ふくしま・きくじろう）** 1921年生まれ。原爆、政治、軍事問題、学生運動、公害、福祉問題などをライフワークに、『ピカドン』ほか17回の個展を開催、12冊の写真集を出版。2015年没。（⑮）

①7万本の松林の中、津波に耐え抜いた陸前高田の一本松。②辺野古・大浦湾の海に生息するアオサンゴ群集。③自衛隊もPKOを行う南スーダン共和国にて。念願の独立を果たし、祖国の土をはじめて踏む少年たちの笑顔。④2015年8月、国会議事堂に迫る市民デモ。⑤1969年1月、東大紛争にて。安田講堂を占拠する全共闘の学生たち。⑥高度成長期を支えた〝マイカー元年〟世代の廃車群。⑦陸前高田市、仮設住宅の住人たちをつなぐラジオ体操の時間。⑧ゴーストタウン化した双葉町にて、野生化した犬。⑨浪江町のスリッパをオートラジオグラフィーによって撮影（放射線が可視化）。⑩除染で発生した放射性廃棄物を詰めたフレコンバッグの山。⑪辺野古キャンプシュワブ前にて、機動隊員に向けられる、おばあの眼差し。⑫沖縄戦の爪痕。首里城周辺に浴びせられた砲撃による無数の弾痕に雨水が溜る。（写真提供：沖縄国際平和研究所）⑬配備反対を叫ぶ人々の頭上を飛ぶMV22オスプレイ。⑭湾岸戦争で使われた劣化ウラン弾の影響か、イラクの子どもたちに多発する白血病。そんな少女の一人、サファア。⑮戦後まもなく、原爆ドーム前でたき火をする路上生活者。⑯元安川の水面に映る原爆ドーム。⑰上原良司（左）と兄妹との記念写真。（写真提供：上原良司の灯を守る会）⑱カンボジア・タイ国境にて、ゴミ集めをして生計を立てる子どもたち。（④⑤⑮ 写真提供：共同通信社）

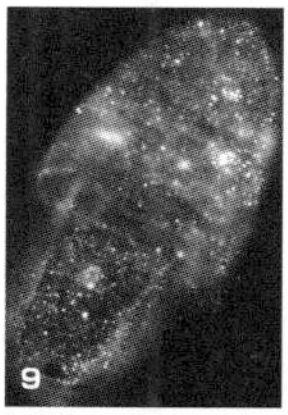

一つでも
言いたいことがあるなら、
選挙に行こう。
（奥田愛基）

**はじめて投票するあなたへ、どうしても伝えておきたいことがあります。**

発行日：2016年6月30日 第1刷
監修：津田大介／編集：ブルーシープ／デザイン：祖父江慎＋鯉沼恵一（cozfish）／校閲：山﨑 健／印刷：加藤製版印刷株式会社／製本：株式会社善新堂／協力：沖縄国際平和研究所、Banica、上原良司の灯を守る会、北星学園余市高等学校、ReDEMOS、羽倉佳代（世紀のプロジェクト）／発行人：江上英樹・草刈大介／発行：ブルーシープ株式会社　〒102-0072 東京都千代田区飯田橋3-6-6 港屋ビル4階　tel.03-6272-6190
http://www.bluesheep.jp　info@bluesheep.jp　ISBN978-4-908356-01-8　C0036


読者アンケート募集中!!（QRコードでアクセス）

http://ws.formzu.net/fgen/S8489025/